Was

Mädchen

über

SEX

wissen

sollten

diese Seite wurde absichtlich leer gelassen!

Was Mädchen über SEX wissen sollten

Liebe, Sex und Lust im Zeitalter des Internets

R. Fahren

Bibliografische Information der Deutschen Nationalbibliothek:
Die Deutsche Nationalbibliothek verzeichnet diese Publikation in der
Deutschen Nationalbibliografie; detaillierte bibliografische Daten
sind im Internet über dnb.dnb.de abrufbar.

Herstellung und Verlag: BoD – Books on Demand, Norderstedt

R. Fahren
c/o AutorenServices.de
König-Konrad-Str. 22
36039 Fulda

eMail: R.Fahren@liefert.info
Web: http://r.fahren.liefert.info
Coverfoto: Pixabay

ISBN: 9783748149507

„Zum Teufel mit dem Geschwätz über die sexuelle Aufklärung der Jugend! Sie erfolgt noch immer besser durch den Mitschüler, der im Lesebuch das Wort »Huren« anstreicht, als durch den Lehrer, der die Sache als eine staatliche Einrichtung erklärt, die so wichtig sei und so kompliziert wie das Steuerzahlen."

Karl Kraus
(Österreichischer Schriftsteller 1874-1936)

„Dann sollte man mal ein Buch schreiben, welches diese Lücke füllt!"

R. Fahren
(Autor dieses Buches)

Widmung

Dieses Buch ist allen jungen Mädchen gewidmet, die ihre ersten unsicheren Schritte in die Welt der Sexualität wagen möchten.

Gleichzeitig aber auch all den Frauen, welche diese Schritte bereits hinter sich gebracht haben und sich jetzt fragen *„War das schon ALLES?!"*

Danksagung

An dieser Stelle möchte ich zu allererst meiner Frau danken. Mit ihr zusammen habe ich viel über Sex gelernt. Sie hat es mir darüber hinaus ermöglicht, meine Forschungsarbeiten auch auf Erlebnisse außerhalb unserer langjährigen Beziehung, auszudehnen. Mein Werk hat sie dabei stets kritisch aus der weiblichen Sichtweise begleitet und mich beständig bei diesem Projekt unterstützt.

Danke auch an all die tollen Frauen, die ich bislang kennenlernen und mit denen ich viel Spaß haben durfte.

Vielen Dank dann noch an die zahlreichen Nutzer von GuteFrage.net und anderen Portalen, die mit mir diskutiert, gefachsimpelt und gestritten haben. Danke auch an den Support von GuteFrage.net und alle anderen, die mir so viel positives Feedback zu meinen Beiträgen gegeben haben.

Inhaltsverzeichnis

Vorwort

NOCH ein „Aufklärungsbuch"?

Bei den Recherchen für ein anderes Buchprojekt versuchte ich in Portalen wie GuteFrage.net herauszufinden, was Menschen über sexuelle Themen wissen möchten. Dabei stellte ich verwundert fest, dass viele – überwiegend Jugendliche - einfache, aber doch wichtige Fragen zum *„kleinen Einmaleins"* von Sex, Beziehung und Liebe haben, die in unserer über-sexualisierten und über-informierten Welt gar nicht – oder nur mit Vermutungen, Halbwissen, Einzeilern, Häme und Spott beantwortet werden.

Durch die Beantwortung tausender Fragen zu sexuellen Themen, erhielt ich schon bald den Expertenstatus der Community in Bereichen wie *„Sex"*, *„Sexualität"*, *„Beziehung"*, *„erstes Mal"* und *„Liebe"* zuerkannt. Ein überdurchschnittlich hoher Anteil meiner Antworten ist als *„hilfreich"* ausgezeichnet. Auch vom GuteFrage-Support erhielt ich immer wieder positives Feedback für meine Beiträge. Da viele Fragen immer und immer wieder gestellt werden und eine wirklich ausführliche Antwort kaum in einem solchen Forum Platz findet, reifte im Laufe der Zeit die Idee für das Buch *„Seid nett aufeinander!"*.

Die meisten Leser haben das Buch begeistert aufgenommen – aber ich bekam auch mehrfach Feedback in der Form *„Um Himmelswillen – über 400 Seiten! Wann soll ich denn das alles lesen?!"*.

So reifte der Gedanke *„Seid nett aufeinander!"* zu zerlegen und ZWEI Bücher daraus zu machen: Eine Version mit dem, was vor allem Mädchen interessiert (die Du gerade in Händen hältst) und eine Version für Jungs.

Trotzdem kann es natürlich nicht schaden auch die Fragen - und die Antworten – zu lesen, welche die Jungs so beschäftigen. Wenn Du nach der Lektüre dieses Buchs wissen möchtest, was Deinen Schwarm umtreibt, dann kannst Du natürlich auch „*deren*" Buch lesen – oder eben das komplette „*Seid nett aufeinander!*". Deine Freundinnen freuen sich bestimmt, wenn Du ihnen dann DIESES Werk weiterreichst ...

Auf den vorliegenden Seiten nutze ich ganz bewusst nicht immer die medizinisch korrekten Begriffe für die Geschlechtsorgane usw., sondern nenne die Dinge bei den Namen, den man auch im wirklichen Leben gerne verwendet. Du weißt, dass es anatomisch korrekter ist vom „*Penis*" zu sprechen, als vom „*Schwanz*", und „*Muschi*" erst einmal auch Hauskatze bedeuten kann, aber im Bett sagt man halt eher mal „*Nun steck Deinen Schwanz schon endlich in meine Muschi!*", als „*Ich würde es begrüßen, wenn Du nun Deinen Penis in meine Vagina einführtest*". Bei aller Höflichkeit und guten Umgangsformen – zwei Liebende dürfen da ruhig die Dinge beim (falschen) Namen nennen!

Am sinnvollsten ist, wenn Du dieses Buch einfach von vorne bis hinten durchliest, auch wenn einem Mitglied der „*Generation Twitter*" dieses womöglich überlang erscheint. Du kannst aber auch mittels des Inhaltsverzeichnisses direkt in das Kapitel springen, welches Dich besonders interessiert. Wichtige Inhalte, die zum Verständnis des jeweiligen Themas die Grundlage bilden, rufe ich daher oft nochmals in Erinnerung. Gewisse Wiederholungen sind also beabsichtigt und sollen helfen einzelne Themen auch losgelöst vom Rest des Buches zu verstehen.

Was aber qualifiziert ausgerechnet mich für ein Buch über Sex? Ich gebe zu: Sex ist mein Hobby! Schon in recht jungen

Jahren habe ich mich für alles interessiert, was mit Sex zu tun hatte. Zuerst theoretisch und mit 12 oder 13 Jahren las ich alles, was ich an Büchern darüber in die Finger bekam.

So fiel mir dank eines guten Freundes, der meine Interessen teilte, ein Buch des ehemaligen New Yorker Callgirls und Penthouse-Legende Xaveria Hollander in die Hände und auch Klassiker wie *„Die Geschichte der O"* beeindruckte mich schwer – auch wenn ich persönlich nie wirklich Zugang zur Welt des BDSM gefunden habe.

Meine erste feste Freundin hatte ich mit 15, verschiedene Sexperimente folgten in Form von kürzen und längeren Beziehungen, One-Night-Stands, Büro-Affären und mit 20 erlebte ich meinen ersten Dreier mit zwei Schwestern.

Ein Mädchen hatte es mir jedoch besonders angetan, auch wenn es anfangs eine On-Off-Beziehung war und wir zwischendurch mehrfach getrennte Wege gingen. Dann hatten wir unsere *„Hörner abgestoßen"*, mit anderen Partnern experimentiert, mehrfach Fernbeziehungen praktiziert und uns schließlich zusammengerauft. Nach über 10 Jahren *„wilder Ehe"* läuteten dann letztendlich die Hochzeitsglocken. Alles in allem ist sie nun schon seit über 30 Jahren meine Partnerin und gleichzeitig mein *„bester Freund"*. Mit ihr zusammen war mir noch nie langweilig und wir können über Alles offen reden – auch über unsere sexuellen Fantasien und Bedürfnisse.

Bei einem dieser Gespräche beschlossen wir nach über 20 Jahren Partnerschaft, dass wir doch auch einmal ausprobieren könnten, wie uns Sexperimente mit Dritten gefallen. Dabei haben wir gelernt, dass man auch mit Menschen, die man nicht liebt, viel Spaß im Bett haben kann und gönnen uns seitdem

Sex auch im Rahmen von Besuchen in Swinger-, FKK- und Saunaclubs und verzichten lediglich auf Affären *„mit Herz"*.

Auf diese Weise hatte ich in den letzten Jahren und Jahrzehnten Sex mit rund 1.000 verschiedenen Frauen in den unterschiedlichsten Konstellationen – in der *„freien Wildbahn"*, in Clubs und natürlich in Beziehungen. Der Inhalt der folgenden Seiten gründet sich daher auch nicht auf Vermutungen oder akademische Erhebungen und Umfragen, sondern meinen eigenen Erfahrungen sowie meiner ganz persönlichen Sicht und Einstellung.

Wenn DU Sex anders ERLEBT hast, dann freue ich mich auf Dein Feedback! Wenn Du Dir Sex und Beziehungen lediglich anders VORSTELLST, dann solltest Du zunächst einmal ein paar Erfahrungen sammeln, denn Eines kann ich Dir versprechen: Die Wirklichkeit sieht völlig anders aus, als man sich das in romantischer Verklärung ausmalt ...

Im Anhang findest Du meine Kontaktdaten – ich freue mich auf Feedback, Kritik, Lob und natürlich weitere Fragen und Anregungen!

Seid nett aufeinander!

Dein *R. Fahren*

Sex, Sex, Sex...

Sex spielt eine große Rolle in unserem Leben und hat dies schon immer getan - wenn auch je nach Zeitgeist mal mehr oder weniger dezent verpackt. Schließlich wäre die Menschheit ohne Sex längst ausgestorben und schon vor Urzeiten hat der Mensch entdeckt, dass Sex auch ohne das Ziel der Fortpflanzung eine Menge Spaß machen kann.

Für und wegen Sex wurden Raubzüge unternommen, Kriege geführt, Gesetze erlassen und unzählige Menschen getötet oder verstümmelt. Sex hat aber auch zu einer enormen Zahl an Kunstwerken inspiriert und tut es immer noch.

In der bekannten Bedürfnispyramide des amerikanischen Psychologen Abraham Maslow steht Sexualität zusammen mit Nahrung und Schlaf auf der Stufe der elementaren menschlichen Grundbedürfnisse, die vor allen anderen Bedürfnissen befriedigt werden wollen. Liebe folgt nach dieser Einteilung erst auf der dritten (von insgesamt fünf) Ebene, auch wenn diese Einteilung immer wieder Anlass für Diskussionen gibt.

Liebe: nur ein schmutziger Trick der Natur, um das Fortbestehen der Menschheit zu garantieren.

William Somerset Maugham
(englischer Dramatiker 1874-1965)

Genau wie Essen und Laufen muss ein junger Mensch zunächst lernen, wie Sex „*geht*". In der Theorie findet die Aufklärung der Kinder durch eine Kombination aus einfühlsamen, verständnisvollen Gesprächen mit den Eltern, welche die endlosen Fragen des Nachwuchses geduldig beantworten und der Sexualerziehung in der Schule statt. Dort lernen die Kinder dann auch die biologischen Vorgänge rund um Zeugung, Schwangerschaft und Geburt.

In der Schule wird in daher vielen Bundesländern bereits ab der dritten Klasse Sexualkunde unterrichtet und den Kindern der biologische Ablauf der Zeugung beigebracht – ob sie sich dafür interessieren oder nicht. Daher wissen schon Grundschüler besser wie „*Babys gemacht*" werden, als wie ein Storch überhaupt aussieht. In späteren Jahrgängen wird dann nochmals nachgelegt, Selbstbefriedigung entzaubert, die Empfängnisverhütung behandelt und das Thema Geschlechtskrankheiten in epischer Breite unter das Jungvolk gebracht.

Was in den Familien passiert ist jedoch uneinheitlich. In manchen wird über Sex überhaupt nicht gesprochen – sei es aus Scham oder in der Hoffnung die „*lieben Kleinen*" würden dadurch mit den eigenen Sexperimenten noch etwas warten. Das andere Extrem sind Familien, welche die neugierigen Kinder einfach vor einen Pornofilm setzen und diesem die Aufklärung in allen Details und Perspektiven überlassen. Selbst wenn „*die Alten*" mit dem Thema Sex locker und unverkrampft umgehen, so genieren sich doch viele Teenager ihre Fragen, Sorgen und Nöte mit den Eltern zu besprechen. Alleine schon die Vorstellung, dass ihre Erzeuger „*es*" zusammen „*tun*" oder wenn sie die eigenen Vorfahren gar „*dabei*" sehen oder hören, ist für viele Teens unerträglich.

Daher hat Aufklärung und Sexualkunde schon immer zu einem großen Teil auf dem Pausenhof und ähnlichen Orten stattgefunden, wo sich die „*Wissenden*" mit (echten oder erfundenen) Erfahrungen brüsteten und sich die Unerfahrenen vornehmen, es bald selbst einmal zu versuchen.

Neu ist jedoch, dass dank moderner Medien der Zugang zu sexuellen Inhalten kaum noch kontrolliert und gesteuert werden kann und selbst für Kinder harte Pornografie nur ein Mausklick entfernt ist. Während man früher als neugieriger Heranwachsender noch in der Hoffnung auf die Abbildung eines Penis im medizinischen Lexikon blätterte, zeigen sich heute teilweise schon Siebtklässler gegenseitig die ausge-fallensten Hardcore-Pornoszenen auf dem Smartphone im Pausenhof. Nacktszenen in Filmen verbannen diese nicht mehr automatisch ins Nachtprogramm und eine Pornofilm-Vergang-enheit ist kein Hindernis mehr für eine „*seriöse*" Schauspielkar-riere.

In sozialen Netzwerken und Video-Chats werden nicht nur dem Geliebten Nacktbilder der eigenen Person geschickt, son-dern teilweise sogar Striptease- und Selbstbefriedigungs-Videos vor flüchtigen Bekannten gedreht. Wenn Hollywood-Stars und Sternchen mit „*versehentlich*" öffentlich gewordenen Sextapes nur <u>noch</u> berühmter werden, statt vor Scham im Boden zu ver-sinken, dann kann dies ja wohl nichts Schlimmes sein – oder?!

So haben heutige Teenager in Bezug auf Sex meist schon „*Alles*" gesehen und gehört, kennen verschiedene Verhütungs-methoden und wissen nicht nur, dass es sexuell übertragbare Krankheiten gibt – sie fürchten Geschlechtskrankheiten teil-weise dermaßen, dass sie bereits bei der Selbstbefriedigung Angst vor einer Krankheit haben. Dadurch bestens „*gerüstet*" ziehen sie dann los, um einen Partner zu finden und endlich das umzusetzen, was sie in Hollywood-Filmen und Pornos gelernt zu haben glauben...

Dabei ist Sex und das Sammeln sexueller Erfahrungen für Einige zu einem regelrechten Wettbewerb geworden, bei dem sich die Jugendlichen ständig Sorgen machen, ob sie *„normal"* sind und mit ihrer Clique mithalten können bzw. dem durch Erziehung und (Sub-)Kultur vorgegebenen Rollenbild entsprechen. Auf diesem Grund sorgen sich manche Teenager, weil sie mit 15 *„immer noch Jungfrau sind"*, während andere das schlechte Gewissen plagt, weil man sich mit 20 einem Mann *„hingegeben hat"*, mit dem man *„nur"* verlobt ist ...

Selbstbefriedigung

Im Verlauf der Pubertät, welche im Normalfall bei Mädchen zwischen dem 10. und 18. Lebensjahr und bei Jungen im Alter zwischen 12 und 21 durchlaufen wird, entwickeln sich nicht nur körperlich die Geschlechtsmerkmale, sondern es erwacht auch zunehmend das Interesse am anderen Geschlecht. Dabei ist sexuelles Augenmerk noch nicht einmal unbedingt an die Pubertät gebunden, denn während man früher annahm, dass sich die Sexualität des Menschen erst mit der Pubertät entwickelt, gilt es heute als anerkannt, dass bereits Kinder sexuelle Regungen haben.

> **Pubertät ist, wenn die Eltern schwierig werden!**

Beide Geschlechter entdecken dabei auch irgendwann, dass man durch entsprechende Stimulation in der Leibesmitte recht angenehme Gefühle erzeugen kann und beginnen eines Tages damit sich mehr oder weniger häufig selbst zu befriedigen.

Da man Kindern oft schon recht früh beibringt, dass die Geschlechtsteile mit Scham behaftet seien und diese niemand sehen darf und man auch – vor allem in der Öffentlichkeit – unbedingt die Finger davon fernzuhalten hat, begleiten dieses *„an sich herumspielen"* oft allerlei Schuldgefühle. Gerade Mädchen halten ihre Genitalien erziehungsbedingt oft für *„schmutzig"* und verkneifen sich daher die Masturbation entweder völlig oder ersetzen das *„Anfassen"* durch Techniken wie das *„Kissenreiten"*.

9

Besonders peinlich wird es für beide Seiten, wenn die Vorfahren ihre Kinder bei der Selbstbefriedigung überraschen. Eltern sollten sich in einem solchen Fall (wenn sie noch nicht bemerkt wurden) diskret zurückziehen bzw. anderenfalls sich für die Störung entschuldigen und nicht etwa versuchen die Gelegenheit für ein Aufklärungsgespräch zu nutzen. Den Jugendlichen ist die Situation schon peinlich genug. Je selbstverständlicher die Eltern damit umgehen, umso mehr signalisieren sie dem Nachwuchs, dass es sich dabei um eine natürliche Tätigkeit handelt, welche von den meisten Menschen gepflegt wird.

In der Praxis sind sich Ärzte und Psychologen inzwischen weitestgehend einig, dass Selbstbefriedigung natürlich und gesund ist und die einzigen Schäden durch das schlechte Gewissen und die Horrormärchen, mit denen man in der Vergangenheit versucht hat den jungen Menschen die Masturbation madig zu machen, entstehen.

Nachdrücklich hat man in früheren Zeiten behauptet, Masturbation bewirke Blindheit und Knochenerweichung, hemme das Wachstum, löse das Rückenmark auf, verursache Wahnsinn, setze die Empfängnisfähigkeit herab, sei Sünde und so weiter.

Auch die „*Erfindung*" der weiblichen Genitalverstümmelung, die oft verharmlosend als „*weibliche Beschneidung*" bezeichnet wird, hat vor unter anderem das Ziel die Masturbation der Mädchen zu erschweren.

> *"Sagen Sie nichts gegen Masturbation - es ist Sex mit jemandem, den man wirklich liebt."*
>
> *Woody Allen*
> *(US-amerikanischer Regisseur Jahrgang 1935)*

Heute wissen wir, dass Selbstbefriedigung gesund ist und zur normalen Sexualität des Menschen gehört. Daher sieht man darin nur dann eine Störung, wenn die Onanie dem Sex in einer Partnerschaft vorgezogen wird. Die körperlichen Schäden beschränken sich anfangs auch höchstens auf etwas Muskelkater und Wundsein (wenn man es übertreibt und die Schmierung vernachlässigt).

Bin ich sexsüchtig?

Die Entdeckung des sexuellen Vergnügens bei der Autoerotik und dem überwältigen Gefühl eines Orgasmus führt gerade während der Hormonvergiftung der Pubertät dazu, dass viele dieses Erlebnis so oft wie nur irgend möglich genießen möchten. Sich daher täglich – oder auch mehrmals pro Tag *„die Perle zu polieren"* ist in dieser Zeit nicht ungewöhnlich und lässt meist spätestens nach ein paar Jahren nach – vor allem, wenn die Jugendlichen herausgefunden haben, dass Sex mit einem anderen Menschen NOCH mehr Spaß macht ...

Diese Entwicklung ist ebenso verständlich wie natürlich und daher erst einmal kein Grund zur Besorgnis. Trotzdem sollte man es mit der Selbstbefriedigung nicht übertreiben, denn in Ausnahmefällen kann durchaus so etwas wie ein Suchtverhalten entstehen und die Dosis muss mehr und mehr gesteigert werden.

Während man sich anfangs nur einen Wunschpartner vorzustellen braucht, um *„in Fahrt zu kommen"* und schließlich einen Höhepunkt zu erreichen, führt der Konsum von Pornofilmen dazu, dass im Laufe der Zeit immer *„härtere"* und unrealistischere Streifen konsumiert werden müssen, um sich ausreichend Erregung zu verschaffen, was die Vorstellung von Sex dann immer mehr von dem wirklichen Ablauf abkoppelt.

Arzt: „Sie müssen sofort mit der Selbstbefriedigung aufhören!"
Patient: „Warum?!"
Arzt: „Weil ich Sie sonst nicht untersuchen kann!"

Dies kann sogar dazu führen, dass man von *„normalen"* Sexualpraktiken irgendwann nicht mehr erregt wird oder ohne den gewohnten Vibrator kaum noch zum Orgasmus kommen kann.

Dies ist natürlich trotzdem kein Grund, um sich die Selbstbefriedigung komplett zu versagen – allerdings sollte man sie bewusst genießen anstatt nur Langeweile zu bekämpfen, Frust abzubauen oder sich nur deshalb befriedigen, weil man sich eben auch sonst jeden Abend befriedigt. Dies ist im Grunde genau, wie mit anderen Genussmitteln – eine Rippe Schokolade ist köstlich und ein Genuss – sich aber jeden Tag eine (oder gar mehrere) Tafeln reinzustopfen nicht mehr wirklich lecker – und auch nicht gerade gesund…

Auch wer „*endlich*" einen Partner gefunden und mit diesem die ersten Sexperimente gemacht hat, kann oft gar nicht genug bekommen und man fällt bei jeder sich bietenden Gelegenheit übereinander her. Oft schläft man dann so häufig miteinander, wie es nur „*geht*", dreht mehrere Runden nacheinander – gerne mehrmals am Tag. Auch hier kann man noch lange nicht von einer Sucht sprechen, denn dies ist normal und im Laufe der Zeit hat auch ein junges Paar nicht mehr NUR Sex im Kopf und die Akte werden nach und nach seltener. Ein Problem stellt dies in einer Partnerschaft nur dann dar, wenn die Bedürfnisse und Vorstellungen über die Häufigkeit von Sex grob voneinander abweichen.

Selbstbefriedigung mit Hilfsmitteln

So manchem wird die Selbstbefriedigung irgendwann langweilig und sucht nach neuen Methoden, um das „*Spiel*" wieder interessant zu gestalten.

Seiten wie http://sexspielzeug-basteln.com liefern hierfür originelle Anleitungen, die ich allerdings nicht persönlich ausprobiert habe und daher keine Gewähr für den Erfolg übernehme. Wer professionell hergestellte Sextoys nutzen möchte und noch zu jung für einen Sexshop ist bzw. sich in einen solchen nicht hineintraut, der muss auch nicht unbedingt auf einen Erotikversand zurückgreifen.

Sextoys in allen Farben und Formen kann man bei Amazon bestellen. Wer dort ohnehin hin und wieder einmal etwas bestellt, der macht sich damit auch bei der Familie nicht verdächtig – es sei denn es ist üblich, dass die Eltern selbst ein harmloses Amazon-Päckchen, welches an den Nachwuchs adressiert ist, ungefragt öffnen. Mädchen haben beispielsweise die Auswahl an unzähligen Vibratoren in allen Farben und Formen - zum Stichwort „*Vibrator*" liefert alleine Amazon über 40.000 Treffer[1]!

Aber auch mit Hausmitteln kann man eine Menge Spaß haben. Mädchen experimentieren mit Reibung und nutzen hierfür gerne Kissen oder Plüschtiere, massieren den Kitzler mit dem Brausestrahl oder führen sich allerlei Gegenstände ein. Vor allem die Griffe von Zahn- und Haarbürsten werden gerne genutzt, da diese leicht zu beschaffen, und völlig unverdächtig sind. Wer sich als Mädchen nicht getraut einen Vibrator zu kaufen oder zu bestellen, hat oft bald herausgefunden, dass auch elektrische Zahnbürsten angenehm vibrieren.

Kundin im Gemüseladen: „Ich hätte gerne eine schöne, dicke Gurke!"

Verkäufer: „Nehmen sie doch zwei – dann können sie eine essen!"

Obwohl wenn es ein verbreitetes Klischee ist, dass sich Mädchen zur Selbstbefriedigung allerlei längliches Obst und Gemüse in die Muschi stopfen, sollte man darauf besser verzichten. Die Scheidenflora mit unbekannten Bakterien sowie

---

[1] http://amzn.to/2iCnGcw

den Wachsen und Chemikalien, die oft an den Schalen haften, zu belasten, kann ggf. ein übergestreiftes Kondom verhindern.

Die Scheide ist ja erst einmal eine *„Sackgasse"* in der man Gegenstände wie einen Tampon, Liebeskugeln oder ein versehentlich abgestreiftes Kondom nicht wirklich verlieren und daher mit langen Fingern in der Regel wieder ans Tageslicht befördern kann. Notfalls kannst Du Dich immer noch an einen Frauenarzt wenden. In die Gebärmutter können solche Fremdkörper normalerweise nicht gelangen, da der Muttermund nur eine winzige Öffnung bietet.

Im *„Hinterstübchen"*, also dem Anus, können dagegen durchaus eingeführte Gegenstände stecken bleiben bzw. aus dem Zugriffsbereich der Finger verschwinden, was dann auch ein medizinischer Notfall mit entsprechendem Erklärungsbedarf werden kann. Daher sollte man hier doppelte Vorsicht walten lassen.

Dass Du nicht mit Gegenständen experimentieren solltest, die Spitzen oder scharfe Kanten haben, ist Dir hoffentlich auch ohne diese Lektüre klar – oder?!

Selbstbefriedigung und Jungfräulichkeit

Bei der Penetration mit Gegenständen kann es natürlich leicht dazu kommen, dass das Jungfernhäutchen beschädigt wird. Was dies dann für das Mädchen bedeutet, hängt von der persönlichen Einstellung, der Erziehung und dem kulturellen Umfeld ab.

Normalerweise versteht man in unseren Breiten unter einer Jungfrau eine Frau, die noch nie mit einem Mann Sex hatte. Allerdings gibt es auch Kulturen, welche den *„Wert"* eines

Mädchens und sogar die *„Ehre"* der ganzen Familie von der Unversehrtheit des Jungfernhäutchens abhängig machen. Indes ist es so, dass viele Mädchen bereits ohne das ominöse Häutchen geboren werden oder dieses allein durch Bewegung – z.B. beim Sport – gerissen ist. Ob man also durch Selbstbefriedigung mit irgendwelchen Gegenständen *„entjungfert"* wird oder nicht ist daher Definitionssache. Es gibt auch Mädchen, die aus Angst vor Schmerzen beim *„ersten Mal"* die *„Beseitigung"* des Häutchens bewusst vorwegnehmen, was allerdings nur bedingt eine schmerzfreie Premiere garantiert, da die meisten Schmerzen dabei durch (unbewusstes) Verkrampfen und fehlende Feuchtigkeit verursacht werden.

Wenn Du Dich dazu entschlossen hast Dein Jungfernhäutchen nicht mutwillig zu beschädigen, dann entgeht Dir auch nicht wirklich etwas, wenn Du auf Selbstbefriedigung mit Penetration verzichtest. Die Jagd nach dem *„Vaginalen Orgasmus"* ist das schlechte Gewissen nicht wert, denn die Klitoris ist in erster Linie für das Vergnügen der Frau verantwortlich – und da diese nicht nur aus der sichtbaren Klitoriseichel besteht, sondern weit in den Körper hineinragt, trägt sie auch für den *„vaginalen Orgasmus"* die Hauptverantwortung. Eine Orgasmusart ist somit nicht *„besser"* oder *„wertvoller"* als die andere und der vielbeschworene G-Punkt bringt vielen Frauen kaum etwas. Daher ist es kein großer Verlust, wenn Du Dich *„nur"* äußerlich mit dem Kitzler beschäftigst!

Unbewusste Strategien der Partnerwahl

Obwohl wir Menschen uns gerne als moderne, aufgeklärte, vernunftgesteuerte Wesen sehen, die ihre Entscheidungen auf Basis von rationalen Überlegungen treffen, so ist dies doch überwiegend nichts als eine Illusion, bei der uns unser Unterbewusstsein vorgaukelt, dass wir uns *„vernünftig"* und *„richtig"* verhalten.

Bei der Partnerwahl treten diese unbewussten Strategien besonders zutage, denn sie haben sich in der Vergangenheit bewährt und das Überleben der Spezies Mensch seit Jahrtausenden gesichert.

Obwohl man sich ja heutzutage viel um die *„Gleichheit der Geschlechter"*, *„gleichen Chancen"*, *„gleichen Möglichkeiten"* usw. bemüht, lassen sich die biologischen Unterschiede doch nicht wegdiskutieren oder einfach ignorieren. Bei uns Menschen finden wir die Möglichkeiten recht ungleich verteilt: Dem Mann steht ein praktisch unerschöpflicher Vorrat an Spermien zur Verfügung, da diese ständig neu gebildet werden. Mutter Natur lässt sich dabei nicht lumpen und stattet den Mann äußerst großzügig mit *„Munition"* aus.

Bei einer einzigen Ejakulation befinden sich in ca. 3ml Ejakulat rund 40.000.000 Spermien – also vierzig Millionen! Ein Mann, der 150x pro Jahr (also ungefähr jeden zweiten Tag) einen Samenerguss mit durchschnittlich 3 Milliliter Volumen hat, von dem jeder Milliliter 40 Millionen Spermien enthält, kommt auf 18 Milliarden Spermien jährlich (150 x 3 x 40.000.000). Damit könnte er dann theoretisch in nur einem Jahr jede lebende Frau auf diesem Planeten mehrfach schwängern! Bis ins hohe Alter bleiben Männer normalerweise zeugungsfähig und auch ein 80-jähriger könnte durchaus noch Nachwuchs in die Welt setzen (und somit ein paar weitere Sonnensysteme bevölkern...).

Von seiner Biologie ist der Mann daher darauf programmiert mit diesem fast unerschöpflichen Vorrat entsprechend großzügig umzugehen und eher einmal mehr als einmal weniger zu versuchen sein Erbgut weiterzugeben, um dadurch die Menschheit vor dem Aussterben zu bewahren. Daher ist ein Mann relativ leicht für spontanen, unverbindlichen Sex zu begeistern und selbst wenn er sich eine Beziehung zu einer Frau unmöglich vorstellen kann, dann ist er doch einem sexuellen Abenteuer mit ihr nicht automatisch abgeneigt.

Gerade während der Hormonvergiftung der Pubertät (und oft noch lange darüber hinaus) lassen sich viele Männer bei fast jeder Frau automatisch durch den Kopf gehen, ob diese als potentielle Sexpartnerin in Frage kommt. Auch wenn sie nicht durch die Fußgängerzone laufen und *„Die auf jeden Fall!"*, *„Die nur wenn nix anderes da ist!"*, *„Die da höchstens besoffen!"*, *„Die nicht einmal, wenn man sie mir nackt auf den Bauch bindet!"* usw. vor sich hinmurmeln – in Gedanken haben dies die meisten Jungs schon mal durchgespielt! Gerade im Frühjahr und Sommer, wenn die Dicken Wintermäntel wieder im Schrank hängen und Mädchen und Frauen mehr Haut zeigen, schaut ein Kerl gerne einmal ausführlicher hin ...

Wen ein Mann dabei als attraktiv empfindet, ist natürlich zu einem gewissen Teil Geschmackssache, zu einem großen Teil jedoch in unserem Unterbewusstsein verankert, welches sich wiederum an Indizien für eine erfolgreiche Weitergabe des Erbguts orientiert. Jugend signalisiert dabei Fruchtbarkeit,

Schönheit steht für Gesundheit, ein flacher Bauch lässt „*nicht bereits schwanger*" vermuten, ein breites Becken und üppige Brüste für die Fähigkeit ein Kind auszutragen bzw. zu ernähren.

> ***Wenn Männer so viel Wert auf die „Inneren Werte" legten, wie sie immer behaupten, dann würde der Playboy nur noch Röntgenbilder abdrucken!***

Die Biologie – und Programmierung - der Frau ist dagegen völlig anders ausgerichtet: Ab dem Einsetzen der Regelblutung reift einmal im Monat eine Eizelle heran, die nur wenige Tage lang befruchtet werden kann. Dies wiederholt sich bis zu den Wechseljahren – meist zwischen 45 und 55, wenn der Körper der Frau ihren Zyklus nach und nach einstellt und (obwohl noch reichlich Vorräte zur Verfügung stünden) keine Eizellen mehr heranreifen lässt.

Gibt eine Frau dem Drängen eines Mannes während ihrer fruchtbaren Tage nach, dann wird sie womöglich schwanger. Schwangerschaft und Geburt stellen an sich bereits Risiken dar, die eine Frau im Extremfall sogar das Leben kosten können. Lange Zeit gehörte die Geburt zu den größten Sterberisiken für Frauen und erst unsere moderne Medizin hat die Fortpflanzung für Mutter und Kind erheblich sicherer gemacht. Eine hochschwangere Frau bzw. eine Mama mit kleinen Kindern ist in der Regel auf mehrere Jahre hinaus auf die Unterstützung Dritter angewiesen – idealerweise dem

Erzeuger (oder jemandem, der sich dafür hält). Darüber hinaus schmälern vorhandene Kinder ihre Chancen einen neuen Partner zu finden und auch sonst wird ihr Leben in völlig neue Bahnen gelenkt und durch den Nachwuchs (mit-)bestimmt.

Eine Frau wählt daher wesentlich sorgfältiger aus, mit wem sie sich einlässt. Sie möchte sicherstellen, dass ihr Partner nicht nur sein Erbgut streut und danach gleich wieder verschwindet. Sie will sich sicher sein, dass er es *„ernst meint"*, bei ihr bleiben wird und später dann ggf. auch zur gemeinsamen Aufzucht des Nachwuchses zur Verfügung steht. Das Bindemittel, welches ein Paar zusammenhält, ist Liebe. Daher gehören für eine Frau in der Regel Sex und Liebe auch untrennbar zusammen, denn Sex ohne Liebe ist für sie (zumindest unbewusst) ein Lebensrisiko, während Männer (die Sex und Liebe meist recht gut trennen können) ja nicht wirklich etwas zu verlieren haben.

Somit achten Frauen meist wesentlich mehr auf Gefühle und möchten als Person in ihrer Gesamtheit wahrgenommen werden, ihrem Partner gefallen und sich seiner Liebe langfristig sicher sein. Gerade bei den ersten Beziehungen wird ein zu forsches Hinsteuern auf die körperliche Vereinigung daher meist als schlechtes Zeichen gewertet. Dafür gibt es Pluspunkte für Anzeichen, die eine zuverlässige Versorgung der Familie in Aussicht stellen: Finanzielle Unabhängigkeit, Geld, gutes Einkommen, Karriere, Erfolg, Herkunft, Titel – auch wenn der *„schnöde Mammon"* offiziell gerne verachtet und stattdessen auf den *„inneren Werten"* herumgeritten wird.

> *"Männer wünschen eine Frau, mit der man*
> *Pferde stehlen kann. Frauen wünschen einen*
> *Mann, mit dem man sich ein Auto kaufen kann."*
>
> *Anna Magnani*
> *(italienische Schauspielerin 1908-1973)*

Trotzdem ist dies nur EIN Punkt auf der Bewertungsliste der Frau, es tut sich ein auch äußerlich „*attraktiver*" Mann leichter bei ihr zu „*landen*" – was aber macht einen Mann in den Augen einer Frau „*attraktiv*"? Auch hier greift unser uraltes Erbe wieder unbewusst in die Entscheidungen ein. Ein symmetrisches Gesicht ist beispielsweise ein Zeichen für Gesundheit. Breite Schultern, kräftige Behaarung, eine tiefe Stimme, ein markantes Kinn, definierte Muskeln und ein großer Adamsapfel ein Zeichen für einen hohen Testosteronspiegel und damit ein Signal für Männlichkeit.

Ein großer, kräftiger Mann lässt vermuten, dass er die Familie gut ernähren und beschützen kann und selbst ein aggressives, dominantes Auftreten, was man ja „*eigentlich*" (gesellschaftlich gesehen) als „*unpassend für die heutige Zeit*" ablehnt, kann Pluspunkte bringen – vor allem, solange sich diese Eigenschaften hauptsächlich gegen potentielle Konkurrenten richten. Plötzlich wundern sich dann die „*netten Jungs*", warum sie oft in der „*Friendzone*" hängen bleiben, während sich ihr Schwarm immer wieder auf die „*primitiven Arschlöcher*" einlässt.

Trotz aller Triebe, die Mutter Natur in unserem Erbgut verankert hat, fallen wir nicht übereinander her, sobald wir uns begegnen. Der gesunde Menschenverstand, gesellschaftliche Konventionen, kulturelle Prägung, Erziehung und die Vorsicht der Frauen verhindern, dass wir es mit jedem halbwegs interessanten Partner treiben. Unglücklicherweise haben die Menschen schon vor tausenden Jahren Mittel und Wege gefunden, um den Verstand für ein Weilchen auszuschalten, die Hemmschwelle zu senken und Mutter Natur ihren Lauf zu lassen. Gute Vorsätze werden dann über Bord geworfen und die sorgsam gehütete Jungfräulichkeit, die man sich für die *„große Liebe"* aufsparen wollte, dem Nächstbesten aufgedrängt. Die Rede ist natürlich von Alkohol und anderen Drogen.

Wenn Jugendliche diese enthemmenden Mittel dann noch mit Ritualen wie *„Flaschendrehen", „Wahrheit oder Pflicht"* usw. kombinieren, wird eine weitere Hürde genommen, da viele der zu erledigenden Aufgaben körperliche Aktion mit einem Partner beinhalten.

Selbst wenn ein Mensch gar nicht derart betrunken war, dass er sein Handeln nicht mehr steuern konnte und auch das Gedächtnis noch einwandfrei funktioniert, so ist es doch eine allgemein anerkannte Rechtfertigung hinterher zu behaupten *„Ich war besoffen und wusste nicht mehr was ich tat…".* Dadurch wurden schon Millionen Partnerschaften zerstört und ungewollte Kinder gezeugt.

Aber: Ohne Alkohol und Drogen macht Sex NOCH mehr Spaß! Es wäre doch mehr als schade, wenn Du Dich hinterher nicht mehr an Deine Sexperimente erinnern kannst! Morgens nackt neben einem eher unattraktiven Unbekannten aufzuwachen und sich angewidert zu fragen *„Hatten wir letzte Nacht* *etwa Sex zusammen?"*, ist zwar eine originelle Story für einen Film oder eine Lagerfeuergeschichte – aber nicht das, was man eines Tages den eigenen Kindern über sein *„erstes Mal"* erzählen möchte – oder?!

Gelegentlich ein Bier oder ein Glas Wein zu trinken, um etwas lockerer zu werden ist ja in Ordnung – aber mehr Alkohol macht Dich und Deine Geschichten, Witze, Bemerkungen und natürlich auch Deinen Tanzstil nicht besser und interessanter – das kommt nur DIR so vor! Je mehr Du Deinen Verstand betäubst, umso weniger wählerisch wirst Du und umso mehr bekommen Deine Triebe die Überhand. Daher kommt die Redewendung *„Sich jemanden schön trinken"*. Ein halbwegs nüchtern gebliebener potentieller Partner wird sich ungern mit einem schwankenden, lallenden Exemplar einlassen und Dich aufgrund dieses Erlebnisses womöglich sogar noch von der *„Interessant"*- auf die *„Besser nicht"*-Liste setzen.

Du kannst ja soooooo gut singen – und wie toll Du tanzt! Das solltest Du unbedingt ALLEN zeigen…

Der Alkohol

Bin ich asexuell?

Wenn sich eine Jugendliche mit Gleichaltrigen vergleicht, dann entsteht oft der Eindruck, dass man selbst *„ganz anders"* ist, wenn sich das eigene Denken nicht unentwegt um Sex dreht, während es für die Freunde und Bekannten gar kein anderes Thema mehr zu geben scheint.

Wenn ein Mädchen nicht verzweifelt versucht, endlich einen Freund zu finden, nicht für einen Lehrer oder Filmstar schwärmt und sich nicht bei jeder möglichen Gelegenheit selbst befriedigt, dann ist man deswegen noch lange nicht asexuell.

Manch eine hat jahrelang kaum sexuelles Interesse am anderen Geschlecht, bis es auf einmal *„einschlägt"* und man selbst verblüfft ist, wie sehr es einen *„erwischt"* hat und auch der fehlende Drang es sich *„selbst zu besorgen"* kann eines Tages umschlagen.

Selbst Menschen, welche die Vorstellung jemanden zu küssen oder gar Sex zu haben, zunächst *„eklig"* finden, ändern ihre Ansicht oft, wenn sie erst einmal den richtigen Partner getroffen haben und merken, dass Dinge, die sie sich als so unangenehm oder peinlich vorgestellt haben, plötzlich aufregend und begehrenswert sind.

Übrigens wünschen sich auch die wenigen tatsächlich asexuellen Menschen durchaus eine Beziehung – aber eben ohne Sex, also eher platonisch – d.h. es fehlt die sexuelle Anziehung.

Wenn Du das Gefühl hast, dass Dich Sex (noch) nicht interessiert, dann ist das nicht *„schlimm"* oder gar *„krank"* – mach' Dich nicht verrückt und glaube vor allem nicht, Du müsstest jetzt unbedingt etwas Sexuelles unternehmen, nur *„weil man das eben in dem Alter macht"*. Du musst Dich vor niemandem rechtfertigen und wenn Dich jemand fragt, warum Du noch keinen Partner hast, dann muss ein *„Es war halt noch nicht der Richtige dabei"* als Antwort genügen.

Viele genieren sich ja, weil sie in einem bestimmten Alter noch keine sexuellen Erfahrungen gemacht haben. Je nach Umfeld machen sich einige bereits Gedanken, weil sie mit 15 noch Jungfrau sind, während andere sich erst ab Mitte Zwanzig – oder gar noch später – irgendwann *„komisch vorkommen"*. Dazu gibt es allerdings überhaupt keine Veranlassung und es gibt auch keinerlei Grund einem Menschen, den man kennenlernt, Erfahrungen vorzuspielen, die man selbst nicht hat.

Ich habe noch nie von Paaren gehört, bei dem der erfahrenere Junge die Flucht ergriffen hat, als sich sein Mädchen als Jungfrau *„geoutet"* hat - im Gegenteil: Die Meisten finden es toll, wenn sie den geliebten Partner in die Welt der Sexualität einführen dürfen. Selbst wenn es Dein Boyfriend gar nicht fassen kann, dass ein derart tolles Mädchen wie Du noch *„unberührt"* ist, dann solltest Du das als Kompliment sehen und Dich nicht rechtfertigen. *„Ich habe Dich eben nicht früher getroffen…"* ist dann die wohl schönste Art, um das Kompliment zu erwidern.

Erfahrungsvorsprung

Oft lernt man einen interessanten Jungen kennen, der allerdings auf sexuellem Gebiet deutlich mehr Erfahrung hat, als Du selbst.

Wir haben in der heutigen Zeit glücklicherweise die Möglichkeit Menschen kennen zu lernen und vor einer *"offiziellen Partnerschaft"* (Heirat) die Chance auch im Bett zu prüfen, ob man harmoniert. Obwohl – aus den bereits beschriebenen Gründen – man meist eher dem Mann zugesteht, solche Erfahrungen zu sammeln, und daher ein *„erfahrener Mann"* eher ein Kompliment ist, als *eine „Frau mit lebhafter Vergangenheit"*. Ein Mann, der bereits mit 10 Frauen im Bett war, gilt bei vielen als *„toller Hecht"*, während eine Frau mit 10 Bettgeschichten als *„leicht zu haben"* oder gar als *„Schlampe"* tituliert wird.

Von der ursprünglichen Programmierung her ist es uns Männern ja eigentlich am liebsten, wenn die Frau noch *"unberührt"* ist, was von der latenten Furcht herrührt, womöglich die Nachkommen eines Fremden aufziehen zu müssen. Frauen machen sich eher (unbewusst) Gedanken darüber, ob sie einem erfahrenen Mann *„genügen"* werden und ob dieser treu sein kann, da er ja bereits *„andere Früchte genascht hat"* und daran Appetit gefunden haben könnte. Vordergründig wird dagegen – von beiden Seiten - eher mit der Furcht vor Geschlechtskrankheiten argumentiert, da man die unbewussten Befürchtungen nicht wahrhaben und erst recht nicht zugeben möchte.

Die Erfahrung mit langjährigen Partnerschaften zeigt, dass früher oder später gerne mal die Neugier zuschlägt und die Partner grübeln lässt, wie denn der Sex denn mit jemand anderen wäre – spätestens, wenn sich nach ein paar Jahrzehnten auch im Bett Gewohnheit und Routine eingestellt hat. Wenn Du einen Freund gefunden hast, der deutlich mehr Erfahrung hat, als Du selbst, dann sieh' es als Vorteil an, dass dieser schon etwas Praxis mitbringt. Dass er Dir gegenüber so offen ist und sein Vorleben nicht verheimlicht, ist ein gutes Zeichen! Wenn ihr schon ein Weilchen zusammen seid, dann hast Du Verschiedenes richtiggemacht und Dein Freund weiß das, da er den VERGLEICH hat! Die „*Beste*" oder „*Liebste*" oder „*Einfühlsamste*" oder „*Zärtlichste*" Frau zu sein ist kein Kompliment, wenn man die EINZIGE ist und war!

„Du bist doch mein kleiner Lieblingsneffe!"
„Ja klar – ich bin ja auch Dein <u>einziger</u> Neffe!"

Dialog zwischen Simba und Scar
(„Der König der Löwen" 1994)

Ich kenne Frauen, die mehrere Jahre mit ihrer *"ersten großen Liebe"* zusammen und *"eigentlich"* glücklich und auch mit ihrem Sexualleben „*voll zufrieden*" waren und erst mit einem neuen Partner erlebt haben, was eigentlich dieser *"Orgasmus"* ist, von dem alle Welt redet.

Warum soll man also einem Menschen nur einen Versuch zugestehen, um den/die eine(n) zu finden? Was ist, wenn es mit dem ersten Partner, mit dem man Sex hatte, nicht geklappt hat, weil dieser sich z.B. als grober Egoist herausgestellt hat. Hat man dann seine Chance vertan? Darf man mit keinem anderen Menschen einen neuen Versuch wagen?

Was ist, wenn erst der zehnte (zwanzigste, dreißigste…) Versuch zum Partner fürs Leben führt - ist ein Mensch mit *"so viel"* Erfahrung dann weniger „*wert*", als jemand, der aus falsch verstandener *"Anständigkeit"* denjenigen heiratet, dem er seine *"Jungfräulichkeit geschenkt"* hat, um dann frustriert *"bis ans Ende ihrer Tage"* nebeneinander her zu leben?

Wer will beurteilen, wie viel Erfahrung jemand machen darf, bevor er *"nicht mehr gut genug ist"*?

> ***Erfahrung ist die Summe der Fehler, die man selbst gemacht hat!***

Sex ist ja etwas, was einen Menschen nicht beschmutzt oder abnutzt - warum sich also darüber den Kopf zerbrechen, mit wem Dein Mann in der Vergangenheit Sex hatte? Eifersucht ist nämlich in erster Linie die Angst vor dem Vergleich! Früher oder später kommt – wie gesagt - bei den allermeisten Menschen die Frage auf, wie es denn mit einem anderen Partner wäre - dies aber aus einer Beziehung heraus dann festzustellen, ist oft der Anfang vom Ende …

Dein Freund hat also nichts FALSCH gemacht, daher gibt es auch nichts zu *"verzeihen"*. Das *"Problem"* existiert – wenn überhaupt - nur in Deinem Kopf! Wenn Du Glück hast, dann liebt Dein Partner Dich trotzdem und verzeiht DIR Deine wirren Gedanken!

Bin ich eine „Schlampe"?

Einer der Gründe, die Mädchen davon abhält Erfahrungen mit verschiedenen Jungs zu sammeln, ist die Befürchtung als *„Schlampe"* abgestempelt zu werden. Schlampe ist ein Begriff, der von eifersüchtigen Frauen und abgewiesenen Männern für Frauen geprägt wurde, die einen unverkrampfteren und selbstbestimmten Umgang mit Sexualität pflegen.

Während man oft bewundernd von Jungs spricht, die schon viele Eroberungen gemacht haben, blicken viele auf Mädchen mit dem gleichen Erfahrungsschatz herab und bezeichnen diese als *„leicht zu haben"* – oder eben *„Schlampe"*.

Männer treibt ja immer die Urangst um, dass ihre Partnerin von einem anderen Mann geschwängert wurde und sie daher ihre Ressourcen für die Aufzucht von fremdem Erbgut *„verschwenden"*. Bei einer Frau, die in schneller Folge mit verschiedenen Partnern intim war, schwingt die Befürchtung mit, dass diese im Falle einer Schwangerschaft womöglich selbst nicht einmal weiß, wer der Vater ist. Darüber hinaus ist Eifersucht auch die Angst vor dem Vergleich und eine Frau, die bereits mit vielen Männern Sex hatte, könnte womöglich die eigene Ausstattung und Technik kritisieren.

Obwohl heute dank zuverlässiger Verhütung und aussagekräftiger Vaterschaftstests auch eine Frau die Möglichkeit hat ihre sexuellen Bedürfnisse auszuleben, so ist doch nicht jeder bereit dies zu akzeptieren. Während Männer (zumindest unbewusst) die erwähnte Urangst umtreibt, sind viele Frauen, die sich selbst nicht getraut haben sich entsprechenden Sexperimenten hinzugeben, lediglich eifersüchtig auf diese Erfahrungen und gönnen nun anderen diese Erlebnisse nicht.

Selbst wenn eine Frau mit zwei Jungs gleichzeitig Sex hat, braucht sie sich deswegen nicht als Schlampe zu fühlen. Aus Menschen, die andere für solche Erfahrungen kritisieren, spricht oft nichts als der blanke Neid - und Neid ist bekanntlich die aufrichtigste Form der Anerkennung!

Ich habe noch nie jemanden als Schlampe bezeichnet und kenne auch niemanden, auf den diese Bezeichnung passt. Selbst unter den vielen Prostituierten in meinem Bekanntenkreis ist nicht eine einzige *"Schlampe"*!

Bin ich lesbisch?

Die Pubertät ist gekennzeichnet von der Selbstfindung und der Entdeckung der Sexualität. Dass hierbei zunächst einmal die verschiedensten Wellen an Interessen, Entdeckungen und Empfindungen über einen hereinbrechen, überfordert viele Mädchen verständlicherweise. Verschiedene Phase wechseln sich dabei ab und bei so mancher fragt sich die junge Frau, ob sie noch „*normal*" ist – denn selbst untereinander reden Jugendliche – trotz eines Sprachgebrauchs, der manchem Zuhälter noch die Schamesröte ins Gesicht treiben würde – meist nicht über solche Gefühle.

> *Sei Du selbst!*
> *Andere gibt es schon genug!*
>
> *R. Fahren*

Zunächst einmal ist „*Normalität*" und „*Durchschnitt*" kein Ideal, an dem man sich orientieren sollte. Auch wenn es manchmal anstrengend ist „*anders*" zu sein, so fühlt man sich doch immer dann am wohlsten, wenn man sich seiner individuellen Persönlichkeit entsprechend verhalten kann und sich nicht verstellen muss – nur, weil man denkt, dass andere ein bestimmtes Verhalten erwarten.

Zu der sich entwickelnden Sexualität gehört für die Meisten auch ein Interesse am eigenen Geschlecht – gerade bei Mädchen, wo ein körperlicher Umgang miteinander wesentlich selbstverständlicher ist, als bei Jungs. Händchenhaltend durch die Stadt zu laufen, zusammen zu tanzen, den Arm umeinander zu legen oder sich zur Begrüßung oder zum Trost zu umarmen, gehört zum normalen Umgang miteinander. Kaum jemand unterstellt zwei Mädchen, die sich an den Händen halten, gleich lesbisch zu sein, während bei zwei Jungs, die sich so zeigen, fast automatisch ein homosexueller Hintergrund vermutet wird.

Es kommt häufig vor, dass Mädchen im Laufe der Pubertät auch intimere Zärtlichkeiten austauschen, sich gegenseitig streicheln, Kuscheln, Schmusen, Zungenküsse „*üben*" und sich sogar mit Mund und/oder Fingern gegenseitig zum Orgasmus bringen.

Teils sind diese sexuellen Experimente mit dem eigenen Geschlecht der Tatsache geschuldet, dass die beste Freundin leicht verfügbar ist und oft beide Seiten daran interessiert sind, Erfahrungen zu sammeln. Ziel ist auszuprobieren, wie sich Intimität, Zärtlichkeiten und Sex anfühlt, während man sich an das andere Geschlecht noch nicht herantraut, der eigentliche Schwarm unerreichbar ist oder sich die Jungs einfach nur „*bescheuert*" benehmen.

Wenn man solche Sexperimente genießt und dabei Spaß hat oder überwältigende Lust empfindet, dann bedeutet dies noch lange nicht, dass man jetzt „*plötzlich*" homosexuell – also lesbisch – geworden ist. Zunächst einmal ist es nicht mehr und nicht weniger als eine Erfahrung. Durch gleichgeschlechtliche Sexperimente wird man auch nicht homosexuell, denn Homosexualität ist keine „*Krankheit*" mit der man sich bei gleichgeschlechtlichen Partnern „*anstecken*" kann!

Selbst wenn Du Dir momentan gar nicht vorstellen kannst, mit einem Jungen eine romantische (und sexuelle) Beziehung zu haben, bedeutet dies nicht, dass sich dies in ein paar Monaten oder Jahren nicht ändert. Daher solltest Du Dich von anderen nicht vorschnell in irgendwelche Schubladen stecken lassen und Dich nicht selbst verkrampft mit einem Etikett versehen.

(Wie) Soll ich mich outen?

Viele Mädchen fragen sich, ob und in welcher Form sie mit ihrer Sexualität, die sie soeben entdeckt zu haben glauben, an die Öffentlichkeit sollen – es also der Familie, dem Freundeskreis und den Mitschülern bzw. Kollegen gegenüber zu verkünden, dass man lesbisch oder bisexuell ist.

Grundsätzlich ist es so, dass sexuelle Präferenzen zunächst einmal Privatsache sind. Es gibt keinen Grund, warum es jeder Mitschüler oder sämtliche Arbeitskollegen wissen müssen, dass man zusätzlich oder ausschließlich auf das eigene Geschlecht steht. Es ist ja auch nicht notwendig, gleich Jedermann wissen zu lassen, dass man letzte Nacht seine Jungfräulichkeit „verloren" oder zum ersten Mal Analverkehr ausprobiert hat.

Wenn Du eine feste Beziehung mit einem anderen Mädchen eingehst, dann muss man dies andererseits natürlich auch nicht verheimlichen und wenn man noch bei seinen Vorfahren wohnt, dann wird merken es Eltern und Geschwister ohnehin bald. Die meisten Eltern gehen heutzutage relativ entspannt damit um, wenn sie mit- oder gesagt bekommen, dass die beste Freundin der Tochter gleichzeitig die feste Freundin ist.

Inzwischen hat sich herumgesprochen, dass die sexuelle

Präferenz keine bewusste Entscheidung ist, die man sich ausgesucht hat und Wirtshaus-Strategien wie *„Die muss nur mal von einem richtigen Kerl ordentlich durchgevögelt werden, dann vergisst sie das Lesben-Getue..."* nicht funktionieren. Oft ist ein vertrauliches Gespräch mit der Mutter ein erster Schritt und auf jeden Fall sinnvoller als beim nächsten Familienfest vor versammelter Mannschaft der Partnerin demonstrativ einen Zungenkuss zu geben. Schlimm trifft es allerdings Jugendliche, die in besonders traditionellen Familien aufwachsen, deren Weltbild von religiösen Vorstellungen geprägt ist, wo Homosexualität zu den Todsünden gehört und verblendete Familienangehörige womöglich glauben die *„Ehre"* der Familie durch einen feigen Mord wieder herstellen zu müssen.

Im Anhang findest Du die Nummer verschiedener Beratungsstellen, bei denen Du in einem persönlichen Gespräch Deine Situation klären und ggf. auch Begleitung für eine Aussprache mit den Eltern erhalten kannst.

Sex, Alter und das Gesetz (in Deutschland)

„*Liebe kennt kein Alter*" heißt es zwar immer wieder – aber andererseits gibt es zum Thema „*Sex und Altersgrenzen*" eine Menge Vorurteile, Gerüchte und Halbwahrheiten, die irgendwo (womöglich in US-Fernsehserien) aufgeschnappt und für gültig gehalten werden. Als Konsequenz daraus wird dann 17-jährigen, die einen 20-jährigen Freund haben, mit dem Staatsanwalt gedroht und ein 19-jähriger, der eine 14-jährige Freundin hat, als „*Pädophil*" beschimpft – was in beiden Beispielen völliger Quatsch ist.

Kinder 0-13 Jahre:

In Deutschland gilt, dass Personen, die jünger sind als 14 Jahre, als Kinder gelten und unter besonderem Schutz des Gesetzes stehen. Wenn Kinder untereinander experimentieren („*Doktorspiele*"...) oder gar „*richtigen*" Sex haben, dann wird dies nicht bestraft. Damit dürften also zwei 13-jährige miteinander Sex haben, ohne dass dies die Staatsanwaltschaft auf den Plan ruft. Dies ist andererseits jedoch kein Freibrief, denn wenn es die Kinder übertreiben (z.B. Gewalt im Spiel ist) oder gar eine Schwangerschaft das Ergebnis ihrer Sexperimente ist, ruft dies früher oder später das Jugendamt auf den Plan.

Werfen wir mal einen Blick in das Strafgesetzbuch:

StGB § 176 Sexueller Missbrauch von Kindern

(1) Wer sexuelle Handlungen an einer Person unter vierzehn Jahren (Kind) vornimmt oder an sich von dem Kind vornehmen lässt, wird mit Freiheitsstrafe von sechs Monaten bis zu zehn Jahren bestraft.

(2) Ebenso wird bestraft, wer ein Kind dazu bestimmt, dass es sexuelle Handlungen an einem Dritten vornimmt oder von einem Dritten an sich vornehmen lässt.

(3) In besonders schweren Fällen ist auf Freiheitsstrafe nicht unter einem Jahr zu erkennen.

(4) Mit Freiheitsstrafe von drei Monaten bis zu fünf Jahren wird bestraft, wer

1. sexuelle Handlungen vor einem Kind vornimmt,

2. ein Kind dazu bestimmt, dass es sexuelle Handlungen vornimmt, soweit die Tat nicht nach Absatz 1 oder Absatz 2 mit Strafe bedroht ist,

3. auf ein Kind mittels Schriften (§ 11 Absatz 3) oder mittels Informations- oder Kommunikationstechnologie einwirkt, um

a) das Kind zu sexuellen Handlungen zu bringen, die es an oder vor dem Täter oder einer dritten Person vornehmen oder von dem Täter oder einer dritten Person an sich vornehmen lassen soll, oder

b) um eine Tat nach § 184b Absatz 1 Nummer 3 oder nach § 184b Absatz 3 zu begehen, oder

4. auf ein Kind durch Vorzeigen pornographischer Abbildungen oder Darstellungen, durch Abspielen von Tonträgern pornographischen Inhalts, durch Zugänglichmachen pornographischer Inhalte mittels Informations- und Kommunikationstechnologie oder durch entsprechende Reden einwirkt.

(5) Mit Freiheitsstrafe von drei Monaten bis zu fünf Jahren wird bestraft, wer ein Kind für eine Tat nach den Absätzen 1 bis 4 anbietet oder nachzuweisen verspricht oder wer sich mit einem anderen zu einer solchen Tat verabredet.

(6) Der Versuch ist strafbar; dies gilt nicht für Taten nach Absatz 4 Nr. 3 und 4 und Absatz 5.

Hier ist deutlich nachzulesen, dass Jugendliche und Erwachsene – also Personen, die 14 Jahre oder älter sind - an Kindern keine sexuellen Handlungen vornehmen dürfen.

Bereits ein Zungenkuss wird übrigens als *„sexuelle Handlung"* gewertet. Streng genommen dürfte also ein 14-jähriger seine 13-jährige Freundin nicht mit Zunge küssen, ohne sich strafbar zu machen! Dadurch entstehen zwar manchmal seltsame Konstellationen, die der Praxis nicht immer hundertprozentig gerecht werden - aber irgendwo muss man ja eine Grenze ziehen. Übrigens wird bei einem Paar, welches schon als Kinder sexuell aktiv war, der/die ältere nach dem 14. Geburtstag nicht automatisch belangt, wenn er/sie weiter mit dem/der

Partner/in knutscht, da nicht plötzlich bestraft wird, was vorher noch erlaubt war.

Andererseits ist also nicht nur verboten mit Kindern Sex zu haben – auch das Zeigen von Pornografie oder der Austausch von Nacktbildern bzw. sexuelle Videochats mit Kindern sind verboten und können empfindliche Strafen nach sich ziehen.

Es spielt dabei keine Rolle, ob das Kind deutlich reifer ist als seine Altersgenossen, es einverstanden ist oder die Initiative gar von ihm ausgeht. Der Gesetzgeber geht davon aus, dass einem Kind die nötige Reife fehlt, um wirksam über seine Sexualität zu bestimmen. Auch die Eltern des Kindes können ihm Sex mit „*Großen*" nicht erlauben! Im Gegenteil: Erziehungsberechtigte, die es fördern oder dulden, dass ein Jugendlicher oder Erwachsener mit ihren Kindern Sex hat, können selbst bestraft werden!

Dabei ist es auch stets der Fall, dass nicht etwa nur die Eltern des Kindes Anzeige erstatten können. Kindesmissbrauch ist ein sogenanntes „*Offizialdelikt*", bei dem die Staatsanwaltschaft tätig werden MUSS, sobald sie von dem Missbrauch erfährt. Daher kann es auch praktisch Jedermann zur Anzeige bringen – vom eifersüchtigen Nebenbuhler bis zum „*aufmerksamen*" Nachbarn.

Jugendliche: 14-17 Jahre:

Sobald der junge Mensch 14 geworden ist, hat er in Deutschland das Recht auf „*sexuelle Selbstbestimmung*". Dies bedeutet, dass der Jugendliche selbst bestimmen darf, ob und mit wem er Sex hat – solange der Partner ebenfalls mindestens 14 ist. Dabei gibt es nach oben hin keine Grenze und selbst die 16

Jahre, die immer wieder in der Gerüchteküche aufgewärmt werden, haben in der Praxis keine große Bedeutung.

Werfen wir nochmal einen Blick in das Strafgesetzbuch:

StGB § 182 Sexueller Missbrauch von Jugendlichen

(1) Wer eine Person unter achtzehn Jahren dadurch missbraucht, dass er unter Ausnutzung einer Zwangslage

1. sexuelle Handlungen an ihr vornimmt oder an sich von ihr vornehmen lässt oder

2. diese dazu bestimmt, sexuelle Handlungen an einem Dritten vorzunehmen oder von einem Dritten an sich vornehmen zu lassen, wird mit Freiheitsstrafe bis zu fünf Jahren oder mit Geldstrafe bestraft.

(2) Ebenso wird eine Person über achtzehn Jahren bestraft, die eine Person unter achtzehn Jahren dadurch missbraucht, dass sie gegen Entgelt sexuelle Handlungen an ihr vornimmt oder an sich von ihr vornehmen lässt.

*(3) Eine Person **über einundzwanzig** Jahre, die eine Person **unter sechzehn** Jahren dadurch missbraucht, dass sie*

1. Sexuelle Handlungen an ihr vornimmt oder an sich von ihr vornehmen lässt oder

2. diese dazu bestimmt, sexuelle Handlungen an

einem Dritten vorzunehmen oder von einem Dritten an sich vornehmen zu lassen, **und dabei die ihr gegenüber fehlende Fähigkeit des Opfers zur sexuellen Selbstbestimmung ausnutzt** *, wird mit Freiheitsstrafe bis zu drei Jahren oder mit Geldstrafe bestraft.*

(4) Der Versuch ist strafbar.

(5) In den Fällen des Absatzes 3 wird die Tat nur auf Antrag verfolgt, es sei denn, dass die Strafverfolgungsbehörde wegen des besonderen öffentlichen Interesses an der Strafverfolgung ein Einschreiten von Amts wegen für geboten hält.

(6) In den Fällen der Absätze 1 bis 3 kann das Gericht von Strafe nach diesen Vorschriften absehen, wenn bei Berücksichtigung des Verhaltens der Person, gegen die sich die Tat richtet, das Unrecht der Tat gering ist.

Tatsächlich gibt es hier mit Absatz 3 die Einschränkung, dass eine Person ÜBER 21 Jahren, die sexuelle Handlungen an einer Person UNTER 16 Jahren (also 14 oder 15 – wenn sie noch jünger wäre greift §176 – *„Sexueller Missbrauch von Kindern"*) vornimmt auf Antrag(!) verfolgt werden kann. Dabei gilt jedoch die entscheidende Einschränkung *„...und dabei die ihr gegenüber fehlende Fähigkeit des Opfers zur sexuellen Selbstbestimmung ausnutzt"*, die oft überlesen wird.

„Auf Antrag" bedeutet, dass die Staatsanwaltschaft nicht automatisch aktiv wird, sobald sie von der Beziehung erfährt – im Gegensatz zum Kindesmissbrauch. Erst wenn beispiels-

weise die Eltern einer Jugendlichen Anzeige erstattet, werden Ermittlungen aufgenommen.

In der Praxis bedeutet dies, dass es nur äußerst selten dazu kommt, dass ein Gericht einen über 21-jährigen belangt, weil dieser mit einer 14- oder 15-jährigen Sex hat. Dazu müsste beispielsweise der Jugendlichen nicht bewusst sein, was Sex ist und wie die Fortpflanzung funktioniert. Der reine Hinweis auf das Alter bzw. den Altersunterschied genügt nicht, um den Staatsanwalt zu bemühen. 2016 hat ein Gericht entschieden, dass eine 15-jährige gegen den Widerstand ihrer Eltern eine Liebesbeziehung zu einem über 30 Jahre älteren Mann – einem angeheirateten Onkel - unterhalten darf[1]. Daher hat auch der oft zu lesende Satz *„Sex mit Minderjährigen benötigt eine Einverständniserklärung der Eltern"* keine rechtliche Grundlage.

Für das Familienleben ist es natürlich wenig hilfreich, sich vor Gericht mit den eigenen Eltern zu streiten und seine Beziehungen mit Hilfe richterlicher Verfügungen durchzusetzen. Auch wenn Teenager dies im Hormonrausch der Pubertät und der *„ersten großen Liebe"* nicht wahrhaben wollen, so ist es doch meist vor allem die Sorge, um das Wohlergehen und das Lebensglück der Kinder, die Eltern gegen bestimmte Partner aufbringt und weniger das Bestreben, dem Nachwuchs Liebe und Sex vorzuenthalten.

Die Eltern haben zwar einerseits ein Aufenthaltsbestimmungsrecht und Umgangsbestimmungsrecht und dürfen die Kinder damit von Orten und Personen fernhalten, die das Kindswohl gefährden, aber im täglichen Leben ist dies nur

---

[1] http://www.spiegel.de/panorama/justiz/urteil-zum-kindeswohl-15-jaehrige-darf-liebesbeziehung-mit-30-jahre-a elterem-mann-fuehren-a-1119197.html

schwer durchzusetzen. Um hierfür gerichtliche Hilfe in Anspruch nehmen zu können und einem als ungeeignet empfundenen Partner den Umgang mit dem eigenen Nachwuchs wirksam gerichtlich verbieten zu lassen, braucht es schon handfeste Gründe. Die als unpassend empfundene Kleidung, Haartracht und vorhandene Tattoos des potentiellen Schwiegersohns genügen dafür nicht! Einschlägige Vorstrafen z.B. wegen Zuhälterei, Mitgliedschaft in einer religiösen Sekte oder eine bestehende Sucht nach harten Drogen sind dagegen schon eher geeignet, um eine Gefährdung plausibel zu machen.

Ab dem 16. Geburtstag der Jugendlichen gibt es keinerlei Einschränkungen mehr in Bezug auf das Alter des Partners. Geblieben sind lediglich die Bedingungen, dass kein Geld fließen darf, der Ältere keine Zwangslage des Jugendlichen ausnutzen und kein Abhängigkeitsverhältnis bestehen darf. Ein Abhängigkeitsverhältnis besteht beispielsweise bei Beziehungen zwischen Lehrern und Schülern – aber auch für Ausbilder, Trainer, Jugendleiter und andere Betreuer kann es schnell problematisch werden, wenn diese sich auf sexuelle Handlungen mit ihren Schützlingen einlassen.

Eine Zwangslage auszunutzen bedeutet zum Beispiel, wenn eine Jugendliche nachts ohne Geld und Mobiltelefon in einer fremden Stadt gestrandet ist (letzten Zug verpasst…) und ihr ein Erwachsener anbietet bei ihm zu übernachten - unter der Bedingung, dass diese dafür mit ihm Sex hat.

Ab 18 gilt ein junger Mensch als volljährig und kann nun bestimmen, wo und mit wem er leben möchte und natürlich selbst entscheiden, wen er beispielsweise heiratet.

Die oben beschriebenen Regeln gelten dabei grundsätzlich für alle Menschen, die in Deutschland leben – auch wenn in manchen Kulturkreisen und Familien die Ansicht herrscht, dass vor allem junge Mädchen kein Recht auf ein Sexualleben hätten und ein wahrer Jungfrauenkult betrieben wird. Spätestens mit Eintritt der Volljährigkeit – also ab dem 18. Geburtstag – muss eine junge Frau niemandem mehr Rechenschaft darüber ablegen, wo sie sich aufhält und mit wem sie sich trifft.

An dieser Stelle ist noch ein Hinweis auf § 180 des Strafgesetzbuches sinnvoll, denn hier steht (unter anderem):

§ 180 Förderung sexueller Handlungen Minderjähriger

(1) Wer sexuellen Handlungen einer Person unter sechzehn Jahren an oder vor einem Dritten oder sexuellen Handlungen eines Dritten an einer Person unter sechzehn Jahren

1. durch seine Vermittlung oder
2. durch Gewähren oder Verschaffen von Gelegenheit

Vorschub leistet, wird mit Freiheitsstrafe bis zu drei Jahren oder mit Geldstrafe bestraft. Satz 1 Nr. 2 ist nicht anzuwenden, wenn der zur Sorge für die Person Berechtigte handelt; dies gilt nicht, wenn der Sorgeberechtigte durch das Vorschubleisten seine Erziehungspflicht gröblich verletzt.

Das bedeutet, dass wenn auf einer Party unter Jugendlichen beispielsweise der gastgebende Kumpel einem verliebten Paar (nehmen wir mal an im Alter von 15 und 16) das eigene Schlafzimmer für ein Schäferstündchen zur Verfügung stellt, mit bis zu 3 Jahren Gefängnis bestraft werden könnte, da er *„sexuellen Handlungen mit einer Person unter 16 Jahren Gelegenheit verschafft hat"*. Auch wenn dieser Tatbestand heutzutage nicht mehr zeitgemäß sein mag und vermutlich auch die Gerichte nicht allzu oft beschäftigt, sollte man diesen Paragraphen doch kennen und sich danach richten ...

18: Endlich „Volljährig"!

Mit dem 18. Geburtstag ist eine junge Frau dann *„endlich"* erwachsen und kann tun und lassen was sie will – oder?! Nun ja: Als Volljährige darf sie Auto fahren, bei Wahlen ihre Stimme abgeben, Geschäfte abschließen (also zum Beispiel ein Auto kaufen), eine Wohnung mieten oder einen Kredit aufnehmen, ist aber auch für ihre Handlungen voll verantwortlich. Ein kleiner Trost: Im Strafrecht KANN vor Gericht noch bis zum 21. Geburtstag das Jugendstrafrecht angewandt werden, was von Richtern häufig genutzt wird.

Mit 18 Jahren darf man auch heiraten und leben wo und mit wem man möchte. Alleine oder in *„wilder Ehe"* (also ohne Trauschein) mit einem Partner beispielsweise. Dafür muss man von den Eltern keine Zustimmung einholen. Weisungen der Erzeuger einen vorgegebenen Partner zu ehelichen oder ein Verbot von vorehelichem Sex waren schon vorher nicht zulässig. Diesbezüglich vorgebrachte Ansinnen können nun aber leichter zurückgewiesen werden und auch eine völlige Abspaltung von den Eltern und den Abbruch sämtlicher Kontakte, könnten diese nicht verhindern.

Trotzdem sollte man natürlich nicht alle Ratschläge in den Wind schlagen und versuchen, ein gutes Verhältnis zu den eigenen Eltern zu bewahren, denn in den allermeisten Fällen steckt hinter den Ratschlägen und der vorgebrachten Kritik ja keine böse Absicht, sondern aufrichtige Sorge.

> *"Als ich 14 Jahre alt war, war mein Vater für mich so dumm, dass ich ihn kaum ertragen konnte.*
> *Aber als ich 21 wurde, war ich doch erstaunt, wie viel der alte Mann in sieben Jahren dazu gelernt hatte."*
>
> *Mark Twain*
> *(US-amerikanischer Schriftsteller 1835-1910)*

Was bedeutet „Pädophil"?

Wenn ein 20-jähriger oder älterer Mann mit einer Jugendlichen, die erst 14 oder 15 ist, eine Beziehung eingeht, dann werfen „*Freunde*" und Bekannte gerne mit Bemerkungen um sich wie „*Der ist ja Pädophil!*" oder „*Die ist ja noch ein Kind!*" – aber weder das eine noch das andere stimmt. Rein rechtlich endet – wie gesagt – die Kindheit mit dem 14. Geburtstag. Ab dann sind die jungen Menschen Jugendliche – auch wenn sich manche immer noch recht kindisch aufführen – und dürfen ihr Sexualleben in den bereits genannten Grenzen selbst bestimmen.

In der Psychologie gibt es noch den Begriff der „*Hebephilie*", die das sexuelle Interesse an pubertierenden Jugendlichen beschreibt – also UNGEFÄHR im Alter von 12-16. Einen jungen Menschen, der selbst kaum der Pubertät entwachsen ist, sollte man damit allerdings nicht etikettieren, denn dieser sucht sich lediglich Partner in ähnlichem Alter wie man selbst.

Pädophilie bezeichnet das sexuelle Interesse an Kindern VOR Eintritt der Pubertät – also VOR der Entwicklung der typischen Geschlechtsmerkmale. Da heute selbst viele 12- und 13-jährige schon lange ihre Regel haben, über die Figur und Brust einer erwachsenen Frau verfügen und sich meist auch figurbetont-sexy kleiden, ist ein Mann, dem ein solches Mädchen gefällt, noch lange kein Pädophiler. So mancher Mann erschrickt auch regelrecht, wenn er herausfindet, dass die *„fesche Maus"* rechtlich noch als Kind gilt, und zweifelt gar an seiner sexuellen Ausrichtung.

Die allermeisten Männer sind vernünftig genug, einem Kind in diesem Alter zu widerstehen, selbst wenn die Kleine sexuelles Interesse signalisiert, denn zu einer passenden Partnerin gehört auch eine gewisse Reife und diese hinkt oft hinter der körperlichen Entwicklung her.

Wenn Dich das Thema näher interessiert, dann kannst Du die Begriffe *„Pädophilie"* und *„Hebephilie"* bei Wikipedia nachschlagen.

Welches ist das „richtige" Alter?

Den rechtlichen Rahmen haben wir ja bereits besprochen, also ab welchem Alter man Sex haben DARF. Die Frage ist daher, ab wann man Sex haben SOLLTE. Wenn Du erwartet hast, dass jetzt hier eine Zahl steht, dann muss ich Dich leider enttäuschen, denn ganz so einfach ist es nicht.

Immer wieder ist zu lesen und zu hören, dass man erst dann Sex haben sollte, wenn man *„bereit dazu ist"* – aber was ist damit gemeint?

Zunächst einmal gibt es einige Gründe, die **völlig ungeeignet** sind, um erste Sexperimente einzuleiten:

Ich war betrunken...

Mutter Natur, die nichts mit gesellschaftlichen Konventionen am Hut hat, überflutet den Körper der Jugendlichen mit Hormonen und diese sollen vor allem dafür sorgen, dass die Spezies Mensch nicht ausstirbt. Ein Junge hat daher – zumindest unbewusst – das Ziel sein Erbgut möglichst großzügig zu verbreiten, während ein Mädchen, welches sich durch die natürliche Folge von Geschlechtsverkehr – also Schwangerschaft und Geburt – jahrelang bindet, eigentlich sicherstellen möchte, dass der Erzeuger sich auch nach der Niederkunft um Frau und Kinder kümmert.

Diese natürlichen Triebe haben Menschen unterschiedlich stark im Griff. Viele agieren vernünftig und wählen einen Partner, den sie lieben, lernen sich Schritt für Schritt kennen, warten bis sie sich wirklich bereit fühlen, kümmern sich rechtzeitig und sorgfältig um Verhütung & Gesundheit und schlafen dann eines Tages miteinander.

Andere haben zwar gute Vorsätze, schalten dann allerdings bei der nächsten Party ihren Verstand mit reichlich Alkohol aus und lassen sich vom Erstbesten überrumpeln. Sobald das Großhirn entsprechend betäubt ist, gewinnt das Triebleben die Überhand und man macht Dinge, die man hinterher bereut. Abgesehen davon, dass es toll ist, wenn man sich an seine Erlebnisse am nächsten Morgen auch noch erinnern kann,

plagen einen nach einem solchen Ereignis meist Gewissens-
bisse und Ängste. *„Haben wir ein Kondom benutzt?"*, *„Bin ich jetzt
schwanger?"* und natürlich *„Habe ich mich mit irgendwelchen
Geschlechtskrankheiten angesteckt?"* sowie *„Was werden die anderen
sagen?"*.

Sex und Alkohol passen nicht zusammen. Ein Bier oder ein
Glas Wein usw. mögen ja hilfreich sein, um etwas entspannter
zu werden – aber mehr Alkohol führt nicht automatisch zu
besserer Entspannung und je cooler und lockerer man sich mit
zunehmendem Alkoholpegel dann vorkommt, umso peinlicher
wirkt man auf die nüchtern gebliebenen.

In meinem Alter sollte man schon Sex gehabt haben!

Es ist immer wieder verblüffend zu beobachten, dass selbst
Kinder mit 12 oder 13 Jahren davon ausgehen, dass sie als *„alte
Jungfer"* sterben müssen, wenn sie nicht baldmöglichst Sex
haben. Hinweise auf das Alter und den Status als Kind werden
flugs beiseite gewischt, denn man ist ja schon sooooo reif –
vor allem im Vergleich mit den Klassenkameraden usw. Der
Sexualtrieb in der beginnenden Pubertät ist riesig und am liebsten würde man Alles und Jeden bespringen, der nicht schnell
genug wegläuft. Bei anderen tritt dieser Zeitpunkt erst ein paar
Jahre später ein und wieder andere sind in den Zwanzigern an-
und über ein paar Freundschaften nicht hinausgekommen.

Auch wenn Kinder – also unter-14-jährige – nicht bestraft
werden, wenn diese untereinander sexperimentieren und nur
die Kombination mit über-14-jährigen problematisch ist, sollte
sich das junge Glück trotzdem noch gedulden, bis man
mindestens 14 ist, bevor man *„richtig"* miteinander schläft. Wer

bereits älter ist, der fürchtet sich oft ausgelacht zu werden, wenn man noch keine sexuellen Erfahrungen „*vorweisen*" kann und einen der Traumpartner deswegen womöglich sogar zurückweisen könnte. Grundsätzlich braucht sich niemand für seine sexuellen Erfahrungen (oder das Fehlen derselben) zu rechtfertigen. Ein „*Es war halt noch nicht der Richtige dabei!*" muss als Erklärung genügen.

Mir ist kein Fall je bekannt geworden, dass ein Junge in einer Liebesbeziehung plötzlich einen Rückzieher gemacht hat, nachdem sich herausgestellt hat, dass die Geliebte noch Jungfrau ist. Es ist auch schwer vorzustellen, dass jemand zu einem geliebten Menschen sagt „*Wenn die anderen Dich nicht wollten, dann will ich Dich auch nicht...*". Im Gegenteil: Die Meisten fassen es als besondere Ehre auf, wenn sie die Geliebte in die Freuden der körperlichen Liebe einführen dürfen.

Meine Freunde hatten alle schon Sex!

Zu den Schritten auf dem Weg zum Erwachsenwerden gehören die Loslösung von der Familie und die Suche nach neuen sozialen Gruppen, an denen man sich orientiert. Der Freundeskreis spielt hierbei eine wichtige Rolle und die Aussagen und Werte dieser Gruppe dann oft mehr wert, als die gut gemeinten Ratschläge der Eltern.

In einer solchen Gruppe legen die Beteiligten dann natürlich meist Wert auf ein möglichst hohes Ansehen der anderen Mitglieder und dazu gehören selbstverständlich auch die Erfahrungen auf sexuellem Gebiet. Daher wird dann gerne mal übertrieben und geflunkert was das Zeug hält und somit der schüchterne Schmatzer mit der Sandkastenliebe zur Erfahrung einer Sexbeziehung hochstilisiert.

Selbst wenn es sich bei den geschilderten Erlebnissen um eine „*echte*" Beziehung und „*richtigen*" Sex gehandelt hat, so gibt es doch keinen Grund nun schnellstmöglich mit irgendeinem beliebigen Menschen Sex zu haben – nur, um in der Clique verkünden zu können, dass man „*es*" nun ebenfalls „*getan hat*". Die Meinung der „*lieben Freunde*" ist nämlich ein zweischneidiges Schwert, denn oft sind es die gleichen Freunde, die sich über die mangelnde Erfahrung eines Gleichaltrigen lustig machen, die Mädchen hinterher mit „*leicht zu haben*" und Jungs als „*hat's ganz schön nötig*" etikettieren.

Bei der Anstiftung es einem möglichst bald gleich zu tun und ebenfalls die Jungfräulichkeit zu verlieren, spielt oft eine große Rolle, dass man sich selbst besser fühlt, wenn auch andere den gleichen Fehler machen. Es ist stets leichter zu ertragen, wenn „*alle auf einen Typen reingefallen sind, der nur das eine wollte…*", als die Einzige zu sein, die nicht gemerkt hat, dass es dem „*coolen Jungen aus der Oberstufe*" nur um die „*Kerbe im Bettpfosten*" ging.

Er macht bestimmt Schluss, wenn ich nicht mit ihm schlafe!

Eine Beziehung, bei der der Körperkontakt über ein paar Küsschen und Händchenhalten nicht hinausgeht, ist auf Dauer nicht das Ziel eines werdenden Mannes. Früher oder später möchte er die Liebe auch körperlich vollziehen. Wenn er diesbezüglich noch keine Erfahrung hat, dann ist er natürlich anfangs noch gehemmt und wenn dann auch seine Partnerin noch Jungfrau ist, dann lässt er sich durchaus Monate oder gar Jahre Zeit. Währenddessen wird er sich langsam vortasten, bis er sich bereit und selbstsicher genug fühlt, um endlich mit seiner Freundin zu schlafen.

Auf Nachfrage wird fast jeder Junge allerdings zunächst beteuern, dass ihm Sex gar nicht sooooo wichtig ist und er selbstverständlich so lange ausharren wird, bis auch seine Freundin „*soweit ist*" – notfalls sogar bis nach der Hochzeit.

Männer haben gelernt, dass ein allzu offensichtliches Interesse an Sex die meisten Mädchen eher abschreckt – vor allem, wenn diese selbst noch keine Erfahrung haben. Daher wird der gleiche Junge, der eben noch geschworen hat, dass ihm Sex überhaupt nicht wichtig ist, auf ein „*Ich möchte mit Dir schlafen – wie wäre es jetzt gleich?*" (s)einer Partnerin in der Regel begeistert zustimmen.

Wenn sich ein Paar gebildet hat, dann freut sich das Mädchen oft, dass sie einen tollen Burschen gefunden hat, der mit ihr „*geht*", während die Jungs dabei also mehr oder weniger intensiv auch das „*Liegen*" im Sinn haben. Im Durchschnitt ist ja bei Paaren in unseren Breiten der Junge rund 2 Jahre älter als das Mädchen – über Ausnahmen reden wir noch – was gerne mit der früheren Reife der jungen Frau erklärt wird.

Dadurch kommt es dann oft zu Konstellationen, bei denen das Mädchen, welches eigentlich mit dem Sex noch warten möchte, im Laufe der Zeit den Eindruck gewinnt, dass ihr Freund unbedingt Sex haben will. Wie bereits ausgeführt, sollte dies keine Überraschung sein, denn alle Jungs möchten mit ihrer Partnerin auch Sex haben. Eine Beziehung ohne Sex ist nur eine Freundschaft. Da der Junge dann eben oft auch noch der Ältere ist, fühlt sich das Mädchen in der Pflicht und fürchtet, dass ihr Freund sich bei anhaltender Verweigerung von ihr trennt und eine Partnerin sucht, die seinen Avancen nachgibt.

Hatte der Junge in der Vergangenheit bereits Sex, dann fühlt sie sich umso mehr unter Druck gesetzt.

Wie aber verhalten sich die Beiden denn nun richtig? Dafür gibt es keine einfache Regel und eine Menge Faktoren gilt es zu berücksichtigen. Sehr junge Paare, die womöglich schon als Kinder zusammengekommen sind, dürfen sich ruhig mehr Zeit lassen und sollten zumindest gemeinsam den Übergang zum Jugendlichen-Status abwarten. Ist der Junge bereits 14 oder älter, der mit seiner Freundin schlafen möchte, die rechtlich noch ein Kind ist, dann darf sie ihm durchaus erklären, dass sie nicht zulassen kann, dass er sich strafbar macht!

Ob zwei jungfräuliche Jugendliche, die eine Beziehung eingegangen sind, nun Tage, Wochen oder Monate verstreichen lassen, hängt von den Beteiligten ab. Wichtig ist miteinander zu reden und immer nur so weit zu gehen, wie sich **beide** wohlfühlen. Wenn man Angst davor hat einem geliebten Partner zu sagen *„Das geht mir gerade etwas zu schnell!"* oder *„Ich möchte nicht, dass Du mir einen Finger in die Muschi steckst!"*, dann liegt in der Beziehung einiges im Argen. Nicht alle Jungs sind sensibel genug, um zu merken, wenn sich ihre Partnerin anspannt und verkrampft. Schweigen und Duldung (auch bei zusammengebissenen Zähnen) fassen sie dann als Einverständnis und Ermunterung auf und werden so lange ihre Forschungen fortsetzen, bis sich ihnen die Freundin körperlich entzieht oder unmissverständlich „STOP!" ruft.

Auch wenn Dein Freund in einem solchen Moment natürlich enttäuscht und womöglich sogar frustriert ist, so brauchst Du doch kein schlechtes Gewissen deswegen zu haben. Manche Jungs müssen erst lernen, dass ein Kuss oder ein *„ich darf sie unter der Bluse anfassen"* noch lange keine Einladung zum

Geschlechtsverkehr ist. Ein Partner, der damit nicht klarkommt, ist höchstwahrscheinlich ohnehin keine gute Wahl – solange es die Frau nicht übertreibt und ihn aus (für den Partner) nicht nachvollziehbaren Gründen jahrelang immer wieder vertröstet.

Leider kommt es häufig vor, dass Mädchen (und teilweise auch Jungs) Hemmungen haben sich dem Partner nackt zu zeigen oder näher an den eigenen Körper heranzulassen, weil sie sich für bestimmte „*Makel*" schämen, die sie glauben, an sich ausgemacht zu haben. Da dies dann nicht kommuniziert wird, sondern stattdessen ständig neue Ausreden fabriziert werden, warum man sich auch heute wieder nicht näherkommen kann, wirkt dies auf den Partner unaufrichtig und lässt ihn an den vorhandenen Gefühlen zweifeln. Über die Bedeutung dieser „*Makel*" schreibe ich noch ...

Wenn Dein Freund dann eines Tages Schluss macht, dann oft nicht, weil er nicht den Sex bekommt, den er „*unbedingt braucht*", sondern weil er Dein Verhalten „*seltsam*" empfindet und sich nicht geliebt fühlt.

Mit jemanden zu schlafen, um ihn zu „*halten*" ist keine gute Strategie. Wenn sich ein Mädchen dabei nicht wohlfühlt, dann wird es schmerzhaft und wenig romantisch, denn ihr Unterbewusstsein lässt sie verkrampfen und das schlechte Gewissen (gegen die eigenen Regeln verstoßen zu haben), tut ein Übriges. Dann wird das „*erste Mal*" für das Mädchen ein Desaster und manchmal ist es auch für den Jungen eher enttäuschend. Das Bett ist keine Rennbahn, sondern ein Spielplatz – es gibt nichts zu gewinnen, wenn man „*es*" möglichst bald „*hinter sich bringt*"!

Altersunterschied

Wie bereits erwähnt ist hierzulande der Junge im Durchschnitt rund 2 Jahre älter als das Mädchen – eine Konstellation, auf die man also häufig trifft. Deswegen sind allerdings Abweichungen von diesem Mittelwert noch lange nicht abnormal oder gar verboten. Der Gesetzgeber hat in Deutschland nirgends eine Grenze für den Altersunterschied festgelegt. Alle Menschen, die mindestens 14 Jahre alt sind, können sich - im Rahmen der besprochenen Gesetze - auf einen anderen Menschen einlassen und mit diesem Sex haben.

SIE steht auf ältere Männer

Im Teenageralter kommt einem zwar eine Differenz von 4 oder 5 Jahren riesig vor – aber beispielsweise 15-jährige Mädchen, die einen 20-jährigen Freund haben, gibt es dann doch häufiger. Solange sich die beiden verstehen und eine Partnerschaft auf Augenhöhe führen, spricht nichts dagegen. Der Altersunterschied verwächst sich ja irgendwann und eine 22-jährige mit einem 27-jährigen Partner verwundert niemanden mehr.

Selbst wenn der Altersunterschied noch deutlich größer ist und gar eine ganze Generation überspannt, ist dies nicht ungewöhnlich. Bei der Partnerwahl spielt unser Unterbewusstsein immer noch eine große Rolle - und zwar mehr, als wir zugeben wollen, da wir uns viel lieber als aufgeklärte, vernunftgesteuerte Wesen sehen.

Beim Sex besteht für eine Frau immer die Gefahr einer Schwangerschaft. Aus diesem Grund ist sie bei der Wahl ihres Partners meist vorsichtiger. Sie sucht unbewusst bei Ihrem

Gegenüber nach Eigenschaften, die gute Chancen für die erfolgreiche Aufzucht des Nachwuchses vermuten lassen. Ältere Männer punkten mit finanzieller Absicherung, stehen mit beiden Beinen im Leben, sind selbstbewusst, wissen was sie wollen und verfügen über ein *"gerüttelt Maß"* an Lebenserfahrung. Dadurch strahlen sie eine Sicherheit aus, welche der Frau die Geborgenheit und Beständigkeit vermittelt, auf die sie (unbewusst) Wert legt.

Ein erfahrener Mann, der seine Pubertät und Jugend bereits hinter sich hat, zeigt meistens auch eine andere Beziehung zu Sex. Ziel ist es dann nicht mehr, so schnell wie möglich in Dein Höschen zu kommen, um sich dort unbeholfen und nur auf die eigene Befriedigung bedacht, eine Trophäe (die *"Kerbe im Bettpfosten"*) zu holen. Ältere Männer könnten wissen, wie beide Seiten auf ihre Kosten kommen und punkten womöglich mit Einfühlungsvermögen, Geduld und Erfahrung.

Für das Unterbewusstsein des Mannes signalisiert eine junge Partnerin Gesundheit und Fruchtbarkeit - also ebenfalls beste Voraussetzungen für die Vermehrung.

Das Interesse junger Frauen an älteren Männern ist also verständlich. Ein Mädchen sollte allerdings bedenken, dass es vorkommt, dass ein älterer Mann so ein *"junges Ding"* als leichte Beute sieht und sie zwar gerne vernascht, aber nicht unbedingt auf eine Beziehung aus ist. Womöglich ist er längst in *"festen Händen"* oder möchte einen zu großen Altersunterschied nicht vor seinem Umfeld rechtfertigen. Daher solltest Du nicht allzu sorglos sein, wenn Du Dich zu einem deutlich älteren Mann hingezogen fühlst.

Schon seit Menschengedenken ist die Kombination aus (sehr) junger Frau und (deutlich) älterem Mann üblich und wird sogar als Normalität betrachtet. Wenn man bei verschiedenen Hollywood-Märchen einmal das Alter der Hauptdarsteller gegenüberstellt, die hier ein Paar bilden, ergeben sich oft beträchtliche Unterschiede: Zum Beispiel bei „*Verlockende Falle*": Sean Connery war 69 und Catherine Zeta-Jones war 30 – Altersunterschied also 39 Jahre! Aber auch „*Sechs Tage, sieben Nächte*" mit Harrison Ford und Anne Heche (56 zu 29 – 27 Jahre), „*Pretty Woman*" mit Richard Gere und Julia Roberts (41 zu 23 - 18 Jahre), „*Dirty Dancing*" mit Patrick Swazyze und Jennifer Grey – die eine 17-jährige spielt - (35 zu 27 – 8 Jahre), aber auch in Klassikern wie „*Vom Winde verweht*" (38 zu 27 – 11 Jahre) und „*Casablanca*" (43 zu 27 – 16 Jahre) ist „*das Mädchen*" oft deutlich jünger.

ER hat sich in eine Ältere verliebt

Im umgekehrten Fall allerdings – wenn die Frau älter ist, als der Mann - ist das Erstaunen groß. Eine 20-jährige, die einen 17-jährigen Freund hat, erregt stets mehr Aufmerksamkeit als ein 20-jähriger mit einer 17-jährigen Partnerin, da dies die Meisten als völlig normal betrachten.

Auch bei der Prominenz gibt es Beziehungen zwischen Frauen und deutlich jüngeren Partnern. Beispielsweise die (inzwischen geschiedene) Ehe von Demi Moore mit dem 16 Jahre jüngeren Aston Kutcher oder der französische Staatspräsident Emmanuel Macron, der seine 25 Jahre ältere, ehemalige Lehrerin zur First Lady gemacht hat.

> *Ich bevorzuge junge Männer. Sie wissen zwar
> nicht, was sie tun - aber sie tun es die ganze
> Nacht.*
>
> *Madonna*
> *(US-amerikanische Sängerin Jahrgang 1958)*

Wer als Frau die Augen auf einen jüngeren Mann geworfen hat, der sollte sich nicht von Statistiken und den Lästereien des Umfelds abhalten lassen. Niemand kann wissen, was aus einer solchen Konstellation wird und die 20-jährige, die sich auf den 17-jährigen *„Jüngling"* einlässt, findet vielleicht trotzdem in ihm die Liebe ihres Lebens.

Ich spreche hier aus Erfahrung, denn mit 17 hatte ich mich für die große Schwester eines Klassenkammeraden interessiert, die gerade 20 geworden war. Mir gefiel ihre freche, schlagfertige Art und als wir uns mal alleine in der Stadt begegneten, habe ich sie mit meiner Frage nach einer Verabredung überrumpelt. Von Ausflüchten wie *„ich habe schon etwas vor"* und *„ich habe schon einen Freund"* habe ich mich nicht einschüchtern lassen und mein *„Date"* bekommen. Sowohl ihr Freundeskreis *„Was willst Du denn mit dem Bürschchen – der hat ja noch nicht mal einen Führerschein"* als auch die eigene Familie *„Das kann ja nix werden – die ist doch viel zu alt für Dich…"* waren wenig begeistert von unserer Wahl und prognostizierten ein baldiges Ende dieser außergewöhnlichen Beziehung.

Dies liegt inzwischen über 30 Jahre zurück – und wir sind immer noch zusammen, längst verheiratet, haben Kinder und lieben uns immer noch!

Sex in der Familie?!

Viele machen ihre ersten pseudo-sexuellen Erfahrungen oft schon vor Beginn der Pubertät mit den Personen, die am einfachsten verfügbar und für *„spezielle Spiele"* zu überreden sind: Den eigenen Geschwistern – z.B. in Form von Doktorspielen und Ritualen wie *„zeigst Du mir Deins, dann zeig ich Dir Meins"*. Dies ist völlig natürlich und lässt auch dann keinen Schluss auf die sexuelle Ausrichtung zu, wenn diese frühen Sexperimente zwischen zwei Schwestern stattfinden. Weder wird man dadurch lesbisch, noch hat dies sonstige Auswirkungen auf die erwachsene Sexualität.

Manchmal bleibt es nicht beim Ansehen und Anfassen und die Kinder versuchen sich an *„richtigem"* Sex, von dem sie von Altersgenossen oder durch *„Erwachsenenfilme"* erfahren haben und experimentieren dann mit Oral- oder gar Geschlechtsverkehr. Während man dies bei jüngeren Kindern, welche die Pubertät noch nicht erreicht haben, noch als *„Spiel"* aus reiner Neugier abtun kann, sollte Teenagern bewusst sein, dass sie hierdurch eine Grenze überschreiten, die ernste Konsequenzen haben kann.

Auch vom eigenen Bruder kann ein Mädchen schwanger werden, was eine Menge Ärger und Peinlichkeiten nach sich zöge. Beispielsweise interessiert sich bei einer Schwangerschaft von Kindern automatisch das Jugendamt für die Umstände. Geschlechtsverkehr unter Geschwistern ist ebenso durch das Strafgesetzbuch verboten, wie Sex zwischen Eltern und ihren Kindern! Wobei das Strafgesetzbuch hier ausdrücklich nur *„klassischen"* Geschlechtsverkehr abdeckt, bei dem der Penis in die Vagina eindringt. Kinder unter 14 sind zwar noch nicht strafmündig – aber von einer besonderen Beaufsichtigung durch das Jugendamt, bis hin zur Heimunterbringung, können hier von Amtswegen entsprechende Konsequenzen veranlasst werden.

Strafrechtlich besonders kritisch ist es beispielsweise, wenn der „*große Bruder*" der bereits über 14 und damit strafmündig ist, seine jüngere Schwester, welche noch unter 14 ist und daher als Kind gilt, für Sexperimente missbraucht. Rechtlich gesehen wären hier bereits die erwähnten Doktorspielchen ein „*Sexueller Missbrauch von Kindern*" – auch wenn viele dies noch lange nicht als „*sexuelle Handlung*" werten.

Manchmal verwechseln Mädchen im Gefühlschaos der Pubertät auch die bei Geschwistern empfundene Vertrautheit und die Aufregung solcher Sexperimente mit Liebe – was sie noch mehr verwirrt. Verständlicherweise fragen diese sich dann, ob sie dies beim Bruder ansprechen sollen. Die Antwort ist hier ein klares „*Nein*"! Die einzig richtige Lösung – selbst wenn diese Schwärmerei erwidert werden sollte – ist sich zu beherrschen und sich jeweils einen Partner außerhalb der Familie zu suchen.

Sollte – z.B. aufgrund von Altersvorsprung oder Geschlecht – ein Machtgefälle zwischen den Geschwistern bestehen, dann muss sich der unterlegene Teil trotzdem keine sexuellen Belästigungen durch die eigenen Geschwister gefallen lassen. Wenn eine klare Ansage gegenüber dem Täter nicht ausreicht, um diesen abzuhalten, dann darf sich das Kind nicht scheuen, mit den Eltern darüber zu reden. Keinesfalls sollte es sich durch Erpressungsversuche – z.B. dem Hinweis, dass man dann bereits erfolgte Sexperimente den Eltern verpetzt – einschüchtern lassen!

Meist werden die Forderungen mit der Zeit immer größer und aus anfänglichem *„Lass' mal sehen"* wird nach und nach *„Ich will Dich anfassen"*, *„Blas' mir einen"* oder gar *„Ich will Dich vögeln"*... Zu hoffen, dass es *„irgendwann aufhört"* ist keine gute Strategie. Wenn Du Opfer solcher Praktiken geworden bist, aber fürchtest, dass Deine Eltern Dir nicht glauben werden oder Dich bestrafen würden, dann findest Du im Anhang Anlauf- und Beratungsstellen, wo man Dir mit Rat und Tat zur Seite stehen wird.

Dies gilt umso mehr, wenn Eltern die Liebe zu ihren Kindern allzu wörtlich nehmen. Auch vom eigenen Vater (Mütter werden in diesem Bereich eher selten zu Täterinnen – Ausnahmen bestätigen die Regel) braucht sich ein Kind keine sexuellen Übergriffe gefallen zu lassen. Selbst wenn die Täter dem Kind immer wieder einreden dies sei *„normal"* und dass *„alle Väter dies machen"*, so ist dies jedoch keineswegs der Fall. Zungenküsse und Streicheln an den Geschlechtsorganen bzw. der Brust sind Zärtlichkeiten, die sich auf Sexpartner beschränken sollten und in einer gesunden Eltern-Kind-Beziehung fehl am Platze sind. Erpressungsversuche und Versprechungen gehören ebenfalls ins Repertoire solcher Männer.

Je früher ein Kind sich dagegen wehrt, umso weniger Schaden ist entstanden – in der Beziehung zum Vater und im Verhältnis zwischen den Eltern. Da solche sexualisierten Rituale oft schon recht früh beginnen und sich langsam steigern, ist es verständlich, dass Kinder hier nicht immer optimal reagieren. Mit zunehmendem Alter fühlen sie sich jedoch mehr und mehr unwohl dabei und nur, weil man es in der Vergangenheit erduldet hat, muss man es trotzdem nicht für immer hinnehmen!

Wenn ein *„Nein!"* oder ein *„Ich möchte das nicht!"* nicht genügen, dann sollte das Kind deutlich sagen *„Was Du mit mir machst ist sexuelle Belästigung – wenn Du damit nicht sofort aufhörst, gehe ich zum Jugendamt"*! Sich der Mutter anzuvertrauen sollte unmittelbar der nächste Schritt sein – mit einem *„Sag' mal dem Papa, er soll mir nicht immer so auf die Pelle rücken!"* wird noch kein Schaden angerichtet und sollte dies nicht genügen, dann muss man gegebenenfalls deutlichere Worte wählen. Ein *„Was Papa mit mir macht ist sexuelle Belästigung – ich möchte, dass das aufhört!"* lässt keinen Interpretationsspielraum und sollte auch dies den Belästigungen kein Ende bereiten, sollte man umgehend auf die Hilfe einer Beratungsstelle (siehe Anhang) zurückgreifen.

Verliebt in den Cousin

Immer wieder stößt man auf Behauptungen wie *„Beziehungen zu Cousins ist Inzest und daher verboten"* oder *„Man darf nicht mit seinem Cousin schlafen, weil man sonst behinderte Kinder bekommt!"*. In Deutschland gilt, dass Cousins und Cousinen untereinander durchaus eine Beziehung eingehen, heiraten und natürlich Sex haben dürfen. Je nachdem wie vertraut man mit seinen Verwandten ist, empfindet dies mancher als *„komisch"* oder *„seltsam"*, weil man ja zumindest einen Teil gemeinsamer Großeltern hat. Trennt man sich dann doch eines Tages wieder, so kann man sich natürlich nicht ganz so einfach aus dem Weg gehen und muss damit rechnen, dass man beim nächsten Familienfest wieder aufeinandertrifft.

Die Mär mit den Behinderungen kommt daher, dass es ein etwas höheres Risiko für spezifische erblich bedingte Krankheiten gibt, deren Auftreten wahrscheinlicher wird, wenn von beiden Elternteilen das entsprechende Gen weitergegeben wird. Gerade, wenn in der Familie bereits derartige Krankheiten bekannt sind, wird dem Ehepaar empfohlen bei Kinderwunsch eine entsprechende Beratung und rechtzeitig die passenden Tests vornehmen zu lassen. Dass eine solche Partnerschaft quasi automatisch in behinderten Kindern mündet, ist also stark übertrieben. Während die Wissenschaft bei nicht blutsverwandten Eltern mit einer Wahrscheinlichkeit von 3% annimmt, dass eine <u>vorhandene</u> Erbkrankheit weitervererbt wird, verdoppelt sich das Risiko bei Cousin/Cousine 1. Grades (also bei gemeinsamen Großeltern) auf 6% [1].

---

[1] https://de.wikipedia.org/wiki/Inzucht_beim_Menschen

Wie jemanden kennenlernen?

Während Kinder im Vorschulalter oft unverkrampft mit beiden Geschlechtern umgehen und mit jedem spielen, der sich auf sie einlässt, kommt es mit dem Eintritt in die Schule häufig zu einer Aufspaltung in Mädchen und Jungs. Sich näher mit einem der *„anderen"* abzugeben, führt dann schnell zu Hänseleien (*„Die spielt ja sogar mit Jungs!"*).

> *Mein Leben war einfacher, als ich Jungs noch „doof" fand!*

Dass Mädchen oft unter Mädchen bleiben und Jungs sich meist nur mit Jungs abgeben, zieht sich oft auch dann noch durch die Klassen und Cliquen, wenn längst das Interesse am anderen Geschlecht erwacht ist und man mit diesem nicht nur *„spielen"* möchte. Mädchen, die sich auf derartige Graben-kämpfe nicht eingelassen haben, sind dann natürlich im Vor-teil, während es die *„getrennt"* Heranwachsenden einige Über-windung kostet, jemanden im anderen Lager anzusprechen.

Es lohnt auch nicht, zu warten, bis man der *„Liebe auf den ersten Blick"* begegnet, denn wie soll man einen Menschen wahrhaftig lieben, den man überhaupt nicht kennt? Ein char-mantes Lächeln oder die äußere Erscheinung eines Menschen, kann starkes Verlangen nach diesem auslösen, mit der Folge, dass man sich bemüht, besagten Jungen kennenzulernen und ggf. zu erobern – aber Liebe ist dann eine Folge dieser Bemühungen, nicht die eigentliche Ursache! Eine so zustande gekommene Beziehung ist dann auch nicht besser oder haltbarer, als wenn man sich erst langsam kennen- und lieben gelernt hat.

> *Liebe auf dem ersten Blick ist ungefähr so zuverlässig wie Diagnose auf den ersten Händedruck.*
>
> *George Bernard Shaw*
> *(irischer Dramatiker 1856-1950)*

Meist entdeckt man an einem interessanten Menschen erst im Laufe der Zeit mehr und mehr liebenswerte Seiten und aus Interesse wird dann irgendwann *„mehr"*. Man findet sich zunehmend sympathisch, was bedeutet, dass eine gewisse Übereinstimmung an Interessen, Vorstellungen und Einstellungen vorhanden ist. Eines Tages schlägt es dann möglicherweise in Liebe um und man möchte exklusiv mit diesem Menschen zusammen sein.

Die Frage, die viele Mädchen diesbezüglich umtreibt, ist, wie man einen Jungen, der einen interessiert, anspricht – was im Grunde nur deswegen ein Problem ist, weil es an Übung und Erfahrung mangelt. Die beste Strategie, wenn man jemanden kennenlernen möchte, ist, es nicht erst dann zu versuchen, wenn man sich durch *„sorgfältiges Beobachten"* einen Traumpartner ausgesucht hat, sondern von vorn herein möglichst viele Jungs kennenzulernen.

In der Regel wird ja erwartet, dass der Junge die Initiative ergreift, während sich Mädchen fragen, wie sie ihren Traumprinzen auf sich aufmerksam machen können.

Ein Mädchen, welches gerne einen Freund finden möchte, sollte daher grundsätzlich mit ALLEN männlichen Personen sprechen – also auch und gerade mit den Männern und Jungs, von denen sie nichts *„will"*. Dies fällt einem auch wesentlich leichter, als das peinlich-verkrampfte Bemühen, welches sich einstellt, wenn man unvermittelt dem *„Auserwählten"* gegenübersteht. Wenn ich hier *„alle"* schreibe, dann meine ich auch tatsächlich ALLE! Egal ob es *„nur"* der Verkäufer beim Brezelstand ist, wo man nach der Warenübergabe noch ein kleines *„Danke - einen besonders schönen Tag noch!"* dranhängen kann oder der Rentner aus der Nachbarschaft, mit dem man an der Bushaltestelle ein paar nette Worte plaudert – und wenn es sich nur um das Wetter dreht. Auf diese Weise bekommt man Übung und (ganz nebenbei) auch ein anderes Image.

> *Unser Gehirn ist ein geniales Organ, welches vom Augenblick unserer Geburt an immer zuverlässig funktioniert – bis wir vor einem Menschen stehen, in den wir uns verguckt haben ...*

Letztendlich kann man nie wissen, wo und unter welchen Umständen einem sein Traumprinz begegnet – aber je mehr Gelegenheiten man schafft, umso wahrscheinlicher ist es, dass es irgendwann *„funkt"*. Der Bäckereiverkäufer läuft einem vielleicht mal in der Disco über den Weg und wird sich an die

Frau, die immer so freundlich grüßt, erinnern und sie seinen Kumpels vorstellen. Der Rentner hat womöglich einen feschen Enkel und hält es für eine gute Idee, dass die *„nette junge Dame"*, die immer so höflich mit ihm plaudert, einmal mit ihm ausgeht …

Trotz aller Flirtportale und Dating-Apps sollte man also die menschliche Interaktion nicht vernachlässigen. Statt ständig zuhause am PC und unterwegs am Smartphone zu hängen, empfiehlt es sich in einen Verein eintreten, sich politisch bzw. sozial engagieren oder einen Tanzkurs zu machen. Wer schon eine eigene Wohnung hat, der sollte seine Wäsche zukünftig im Waschsalon säubern, statt diese bei Mutti abzugeben.

Wie bereits erwähnt, sollten derartige Unterhaltungen eine Selbstverständlichkeit für Dich sein, da Du diese möglichst mit jedem Mann führst, der Dir begegnet. Wenn Du erst damit beginnst, wenn Dich ein Junge interessiert, dann bist Du ungeübt, Themenbrüche und peinliche Pausen entstehen und Du wirkst unbeholfen, was dann womöglich eher Mitleid als Interesse auslöst …

Wer hier Initiative zeigt und mit Jungs genauso ungezwungen umgeht, wie mit anderen Mädchen, kann einem potentiellen Kandidaten auf den Zahn fühlen und feststellen, ob er wirklich so interessant ist, wie es der erste Anschein vermuten lässt.

> *Das erste Anzeichen wirklicher Liebe ist bei einem jungen Mann Schüchternheit, bei einem jungen Mädchen Kühnheit.*
>
> *Victor Hugo*
> *(französischer Schriftsteller 1802-1885)*

Auch wenn sich dieses Buch in erster Linie um Sex dreht und eigentlich kein Beziehungsratgeber werden soll - aus mehreren Jahrzehnten Partnerschaft möchte ich Dir doch noch einen Tipp mit auf den Weg geben:

Sex kannst Du mit jedem haben – das ist keine Kunst, denn rein mechanisch passt praktisch jeder Mann in jede Frau – und schlechter Sex ist wenigstens immer noch Sex! Für eine Beziehung aber, die langfristig funktionieren soll, ist Voraussetzung, dass man sich auch nach Jahren noch gut unterhalten, sich gegenseitig zum Lachen bringen und sich gemeinsam für Neues begeistern kann. Wer sich schon nach ein paar Wochen oder Monaten mit einem Partner langweilt und dies nur mit wilden Partys, spektakulären Urlauben, aufwändiger Hochzeit, nervenaufreibendem Hausbau oder gar Kinderkriegen kaschieren kann, der wird langfristig nicht glücklich werden und sich sogar oft an diesen Projekten aufreiben!

Flirt & Sexting – Liebe im WWW

Die *„Generation Smartphone"* hält allerdings vielfach die Strategie, Menschen im wirklichen Leben kennenzulernen, für überholt und verlässt sich stattdessen auf Facebook, WhatsApp, Tinder und Dating-Plattformen wie eDarling, ElitePartner, Parship & Co – oder man sucht auf „*Casual-Dating-Seiten*" wie Poppen.de nach Partnern für unverbindlichen Sex.

Social Media: Facebook & Co.

Social-Media-Plattformen wie Facebook, ermöglichen eine unverbindliche Kontaktaufnahme mit ehemaligen Klassenkameraden und Kollegen. Freunde von Freunden können dem eigenen Freundeskreis hinzugefügt werden und in thematisierten Gruppen finden sich Gleichgesinnte. Diesen kann man ohne Peinlichkeiten virtuell gegenübertreten und aus allgemeinem „*Blah Blah*" kann nach ein paar Neckereien ein Flirt werden, welcher dann in einer privaten Konversation fortgeführt wird. Man schickt sich witzige Bildchen und Videos hin und her, streut hin und wieder ein Herzchen- oder Kuss-Emoticon ein und wenn man glaubt ein entsprechendes Sympathielevel erreicht zu haben, dann verabredet man sich im richtigen Leben.

Soweit zur Theorie. So mancher stellt sich bei diesem Spiel allerdings selbst ein Bein und hübscht das eigene Profil kräftig auf. Es wird mit dem Alter geschummelt, die Beschreibung heftig übertrieben und das Profilbild mit Photoshop „*getuned*" oder gleich aus dem Internet „*entliehen*". Früher oder später fallen solche Tricks allerdings auf und spätestens beim ersten Date kommt die Wahrheit ans Licht – kein guter Start für eine Freundschaft im reellen Leben ...

Man sollte darüber hinaus nicht vergessen, dass es unzählige Scherzbolde gibt, die einen Heidenspaß daran haben, sich beispielsweise als hübscher 17-jähriger Adonis auszugeben und gleichzeitig Dutzenden Mädchen den Kopf zu verdrehen, mit ihnen zu flirten und ihre Spielchen mit ihnen zu treiben. Dass sich hinter diesem Profil keine interessanter junger Schüler, sondern ein schräger älterer Herr verbirgt, finden diese nie heraus. Dabei ist die Motivation für eine solche Maskerade nicht immer nur der reine Ulk – teilweise geht es auch ans (Taschen-)Geld der Verehrerinnen. Gerne werden Geschenke – Amazon-Gutscheine sind hier eine beliebte Wahl – eingefordert oder das Fahrgeld zu einem persönlichen Treffen soll *„vorgestreckt"* werden.

Eine zusätzliche Gefahr liegt im weit verbreiten Austausch von Nacktbildern und –Videos. Leider gehen ja viele Berühmtheiten aus Film, Funk, Fernsehen und Konzert diesbezüglich nicht gerade mit gutem Beispiel voran und zahllose Nackt-Selfies und Sextapes von Stars und Sternchen machen im Internet die Runde.

> **"Wenn man das erotische Verhalten der Männer heute betrachtet, ist es durchaus denkbar, dass Frauen eines Tages auch einen Computer lieben könnten, der Unterschied wäre nicht groß."**
>
> **Anna Magnani**
> **(italienische Schauspielerin 1908-1973)**

Man sollte sich, bevor man sich auf einen solchen Bildertausch einlässt, allerdings ein paar Gedanken machen, denn sobald man ein Bild in Unterwäsche oder gar nackt in Umlauf bringt, lässt sich dies nicht mehr ungeschehen machen. Selbst wenn man den Empfänger längst persönlich kennt und sogar eine feste Beziehung zu diesem unterhält, sollte man doch der Versuchung widerstehen, dem Partner das erhoffte *„Trostpflaster"* für die Zeit der Trennung in Form eines *„sexy Fotos"*, zu überlassen.

Natürlich ist der aktuelle Freund immer der, dem man *„Hundertprozentig vertraut"* und ist sich ganz, ganz sicher, dass dieser die Nacktfotos *„garantiert niemandem zeigen"* und auf Anforderung *„natürlich sofort löschen"* würde. Die Realität sieht jedoch anders aus! Ein Junge platzt oft vor Stolz, wenn er endlich eine feste Freundin *„klar gemacht"* hat und diese dann auch noch nackt eine tolle Figur macht. Selbst wenn er Stein und Bein schwören wird, dass diese Bilder kein Dritter jemals zu sehen bekommt, so macht er bei seinen besten Kumpels jedoch auch gerne mal eine Ausnahme – auch wenn diese vielleicht erst einmal *„nur kucken"* dürfen und das Bild bzw. Video nicht weitergeleitet bekommen.

Nur selten halten Teenagerbeziehungen ein Leben lang und irgendwann ist dann Schluss. Geschenke werden zurückgegeben, man geht fortan getrennte Wege, blockiert sich auf Facebook und löscht gegenseitig die WhatsApp-Kontakte. Die Chat-Verläufe mit den Anzüglichkeiten, die Nackt-Selfies und Masturbations-Videos, welche man hin und her geschickt hat, bleiben jedoch fast immer zurück. Jetzt sehen sich viele – gerade der verlassene Partner – von der Geheimhaltungspflicht entbunden und die eine oder andere Peinlichkeit findet ihren Weg auf das Smartphone des Kumpels, der sie dann natürlich ebenfalls nicht für sich behalten kann und schon bald kennt die komplette Schule bzw. Firma die körperlichen Vorzüge der

Ex-Geliebten. Sogar eigene Web-Plattformen gibt es, auf denen man kompromittierende Bilder und Videos seiner Ex-Partner anonym hochladen und der ganzen Welt zeigen kann.

Gib in Google einfach mal Suchbegriffe wie *„Meine Ex nackt"* oder *„nude ex girlfriend"* ein – dann findest Du mehrere Millionen Argumente, die gegen den Austausch von Nacktbildern sprechen! Selbst wenn Du stolz auf Deinen Körper bist und es Dir egal ist, dass auch Wildfremde sich daran aufgeilen – vielleicht sorgt sich eines Tages Dein Arbeitgeber, bei dem Du Dich bewirbst, um den guten Ruf der Firma, wenn ihre zukünftige Repräsentantin eine derartige Modelkarriere hat.

Natürlich ist es nicht erlaubt, Fotos von Dritten ungefragt zu verbreiten – und Nacktfotos schon gar nicht – aber selbst, wenn Du gerichtlich gegen Deinen Ex-Partner vorgehst, können doch Bilder, die bereits im Web kursieren, kaum je wieder vollständig entfernt werden.

(Casual-)Dating-Plattformen

Auf den ersten Anschein klingt es ja verführerisch: Man sucht sich in aller Ruhe optisch interessante potentielle Partner aus und erfährt bereits vor der Kontaktaufnahme eine Menge über die jeweiligen Interessen, den Beruf, die liebsten Hobbys, sexuelle Vorlieben und (je nach Plattform) noch allerlei intime Details – vom Gewicht bis zur Schwanzlänge.

> *Sex ohne Liebe ist besser als gar kein Sex!*
>
> *Hugh Hefner*
> *(US-amerikanischer Gründer des*
> *Playboy-Magazins – 1926 – 2017)*

Genau wie bei anderen Formen der virtuellen Kontaktaufnahme, weiß man bei den allermeisten Portalen nicht, wer sich wirklich hinter dem verführerischen Profil verbirgt. Nur manche Anbieter nutzen einen Service, mit dem sich ein Mitglied als *„echter, lebenden Mensch mit dem angegebenen Geschlecht und Alter"* bestätigen lassen kann, indem man eine Ausweiskopie einschickt oder sich bei einem Partnerunternehmen persönlich vorstellt.

Solltest Du Dein Glück bei Dating-Plattformen versuchen wollen, dann hast Du als Frau einfaches Spiel: Stelle ein paar Bilder von Dir ein – auf allzu freizügige Aufnahmen solltest Du allerdings verzichten – und fülle die Angaben zu Deiner Person und zu Deinem Traumpartner aus. Solange Du hier nichts völlig Abstoßendes postest, solltest Du innerhalb weniger Stunden die ersten Anfragen im Postfach finden. Natürlich kannst Du interessante Typen auch aktiv anschreiben, aber als Frau wirst Du es vergleichsweise leicht haben virtuell Menschen kennenzulernen.

Aufgrund des erwähnten Ungleichverhältnisses von Männlein zu Weiblein, erhalten Frauen oft mehr Anfragen, als ihnen lieb ist. Je nach Zielgruppe und Niveau der Plattform (Die Art und Menge der Nachrichten ist bei *Elite-Partner* natürlich anders als bei *Poppen.de*), gehen im Postfach eines weiblichen Profils jede Menge Anfragen williger Männer ein. Von einfallslosen Massen-Dreizeilern (*„Hallo ich bin xxxx! Dein Profil gefällt mir! Ich möchte Dich gerne näher kennenlernen – bitte schreibe mir…"*) bis zur direkten Anfrage zur Kopulation (*„Hi Süße! Willst Du ficken? Ich habe ein 20cm Rohr für Dich!"*), gibt es eine riesige Bandbreite. Die Krönung der Geschmacklosigkeit stellen für die allermeisten Frauen die unverlangt zugeschickten Schwanzbilder dar, da es scheinbar immer noch Männer gibt, die glauben, dass eine unbekannte Frau alleine durch ein gesichtsloses Abbild des eigenen(?) Penis zu begeistern ist.

> *Penisbilder zugeschickt zu bekommen ist, wie wenn Deine Katze Dir eine tote Maus schenkt: Lieb gemeint, aber niemand will sie haben!*

Solltest Du auf diesem Wege einen interessanten Jungen kennengelernt haben, dann ist es eine gute Idee, wenn Du das erste Treffen in der realen Welt an einem öffentlichen Ort (Cafe, Eisdiele…) verabredest. Einen Wildfremden gleich zu sich nach Hause einzuladen – womöglich wenn Du gerade *„sturmfrei"* hast – ist nicht ohne Gefahren!

Warum Pornofilme keine Lehrfilme sind

Viele Angehörige der *„Generation YouPorn"* halten Sexualkunde für überflüssig, da sie ja schon längst *„alles gesehen"* haben, was zwei (oder mehr) Menschen in Bezug auf Sex miteinander anstellen können – meist sogar schon lange vor dem 18. Geburtstag, der eigentlich die rechtliche Hürde für den Pornokonsum darstellt.

Noch nie war es so einfach preiswert, schnell und anonym an Pornografie zu gelangen, wie heute. Um die Filmchen zu betrachten ist noch nicht einmal eine Anmeldung oder gar eine Kreditkarte bzw. andere Form der Bezahlung notwendig, da es jede Menge kostenfreie Angebote gibt. Dabei handelt es sich entweder um nur wenige Minuten kurze Ausschnitte aus Pornofilmen verschiedener Studios, die damit Werbung für ihr eigentliches Programm machen, privat gedrehte und hochgeladene Filme von zeigefreudigen Zeitgenossen – oder schlicht um illegal hochgeladenes Material, denn das Copyright gilt ja auch für diese Art von *„Kunst"*.

Schon bald haben Jugendliche alle Kategorien durchmasturbiert und dadurch zu der Überzeugung gelangt, dass sie nun gerüstet seien für *„richtigen"* Sex. Schließlich wisse man jetzt wie *„es"* geht und nichts könne einen noch überraschen…

Leider ist es jedoch so, dass Pornofilme den Menschen ein völlig falsches Bild von der Wirklichkeit vermitteln. Während Frauen in erster Linie eine total illusorische Vorstellung davon bekommen, wie schnell Handwerker bei einem Zuhause vorbeikommen, sind die Folgen für die jungen Männer noch deutlich schwerwiegender:

Da als Pornodarsteller vorzugsweise Schauspieler mit besonders guter Bestückung gecastet werden, um dies auch entsprechend gut filmen zu können, kommt sich manch normal ausgestatteter Junge als *"zu klein geraten"* vor – ganz wie die Mädels, die ihre Oberweite mit den Silikonbomben der Schauspielerinnen vergleichen.

Das größte Problem bei Pornofilmen ist allerdings, dass hier ständig der Eindruck vermittelt wird, man müsse nur IRGENDETWAS in IRGENDWELCHE Körperöffnungen einer Frau stecken, damit diese in totale Ekstase versetzt wird - egal ob Blowjob, vaginaler oder analer Verkehr usw. Gegenseitiges Vorspiel wird von Regie und Zuschauern meist als Zeitverschwendung betrachtet und kann gegebenenfalls durch eine Ladung Spucke ersetzt werden. Frauen geraten beim Abstreifen seiner Hose ohnehin sofort in helle Verzückung und können es gar nicht erwarten, sich mit feuchten Lippen und flinker Zunge laut stöhnend auf den stets steifen Schwanz des Darstellers zu stürzen, um sich diesen dann möglichst bis zum Anschlag in den Rachen zu schieben.

Dabei scheint man das Vergnügen der Frau noch dadurch steigern zu können, dass man sie an den Haaren packt, um sie kräftig auf die eigene Latte zu drücken und ihr dadurch zu helfen, den natürlichen Würgereiz zu überwinden. Selbst die eine oder andere Ohrfeige kann dabei gleichsam nicht schaden. Wenn die Frau durch diese Behandlung dann endgültig in Ekstase gerät, ist sie „*reif*" für mehr und der stets maximal harte Schwanz des Darstellers wird zügig in die nächst erreichbare Körperöffnung geschoben, was die Penetrierte selbstverständlich noch mehr verzückt.

Wenn der Mann sich dann seinem Höhepunkt nähert, wird sein Erguss möglichst ausführlich in Szene gesetzt - um den männlichen Zuschauer ebenfalls zum Abspritzen zu animieren. Dabei wird das Sperma gerne auf dem Hintern, dem Bauch, den Brüsten, im Gesicht oder eben im Mund der Schauspielerin abgeladen, was natürlich wieder mit Begeisterung quittiert wird. An dieser Stelle enden dann die meisten Streifen auch schon, denn für die Nachsorge der Nummer gilt das Gleiche wie für das Vorspiel – bei der Filmkunst wird dies als überflüssig deklariert und weggelassen.

Jungs, die ihr auf diesem Wege erworbenes *"Wissen"* dann in der Praxis anwenden, wo nur die wenigsten Frauen durch reine Penetration zum Höhepunkt kommen, sind enttäuscht und suchen den Fehler bei der Partnerin, anstatt sich mit Zunge und/oder Fingern um den Kitzler der Gespielin zu kümmern. Da viele Frauen leider lieber Begeisterung heucheln (*„Sage nie einem Mann, er könne nicht Autofahren oder sei schlecht im Bett!"*), sieht dieser natürlich keine Veranlassung etwas an seiner Vorgehensweise zu ändern - ein Teufelskreis beginnt ...

Ein weiterer Punkt ist die Dauer der Penetration. Dank der Kunst des Filmschnitts, bei dem Szenen aus mehreren Drehtagen zu einer Session zusammengeschnitten werden, parallel laufenden Kameras, Spritz-Doubeln und Potenzmitteln, können die Darsteller auf dem Bildschirm scheinbar stundenlang rammeln. Dabei bringen sie die Frau von einem (gespielten) Orgasmus zum nächsten, bevor sie beide laut schreiend gleichzeitig zum Höhepunkt kommen und die Gespielin mit Unmengen an Sperma bekleckert wird.

Im wirklichen Leben dauert das eigentliche *"Rein-Raus"* selten länger als 5-7 Minuten - und im Hormonrausch der

Pubertät ist selbst das noch lange[1]. Wenn die Frau zugibt, dass sie bei der durchgeführten Bettakrobatik keinen Orgasmus hatte, dann konzentrieren sich die Verbesserungsansätze oft auf das *„Länger"* statt auf das *„Richtig"* – wieder ist Frustration auf beiden Seiten die Folge.

Einen ausführlichen Blick hinter die Kulissen einer Pornoproduktion im Allgemeinen, sowie den Details der deutschen Pornofilmszene im Besonderen, bietet das unterhaltsame Buch[2] *"Der Hamster hat Schluckauf".* Darin beschreibt Chris Hilton, einer der erfolgreichsten deutschen männlichen Pornodarsteller, in deutlichen Worten, wie das Pornogeschäft in Deutschland heute funktioniert und was er persönlich dort erlebt hat.

Ich habe nichts gegen Pornofilme - aber wer glaubt, er könnte aus diesen Entspannungshelfern lernen, wie Sex funktioniert, der glaubt auch, man könne sich mit einem *„Fast & Furious"*-Film auf die Fahrprüfung vorbereiten!

Wenn Du erfahren willst, wie GUTER Sex funktioniert, dann hast Du den ersten Schritt gemacht und Dir dieses Buch besorgt...

---

[1] http://www.welt.de/wissenschaft/article154082801/So-lange-dauert-Sex-im-Durchschnitt-wirklich.html
[2] http://amzn.to/29jrzx2 - „Der Hamster hat Schluckauf"

Pornofilme in einer Beziehung?

Wenn es vorkommt, dass eine Frau ihren Partner dabei „*erwischt*", dass er sich Pornos ansieht – und dazu meist selbst befriedigt - bzw. sie erfährt es durch ein „*Geständnis*" direkt von ihm, hängt oft erst einmal der Haussegen schief. Denn Partnerinnen reagieren dann meist wesentlich heftiger, als sich der „*ertappte*" bzw. „*geständige*" Mann dies jemals vorstellen konnte. Frauen sind entsetzt, weil sie das Gefühl haben, sie genügten ihrem Partner nicht und er sehne sich in Wirklichkeit nach einer Frau mit der Optik einer klassischen Pornoqueen mit riesigen Silikonbrüsten, aufgespritzten Lippen und durchtrainiertem Körper.

Frauen fühlen sich verletzt und betrogen, denn schließlich hätte ihr Partner ja auch sie zu Sex verführen können, statt sich vor dem Bildschirm einen 'runterzuholen!

Wieder einmal ist es Zeit sich daran zu erinnern, dass die Sexualität von Mann und Frau doch recht unterschiedlich funktioniert. Mutter Natur hat den Mann darauf programmiert, sein Erbgut möglichst schnell und flächendeckend zu verteilen, daher ist er leicht erregbar und wenig wählerisch, wenn es um unverbindlichen Sex geht. Die Frau muss jedoch mit den Konsequenzen ihrer sexuellen Abenteuer womöglich jahrelang leben und legt daher großen Wert auf die Bindung zu einem Partner, da sie sicherstellen möchte, dass ihr der Mann auch bei der Aufzucht des Nachwuchses zur Seite steht. Liebe bindet den Partner und solange er keine Augen für andere Frauen hat, ist die Gefahr gering, dass er zur nächsten Blume weiter flattert.

> **Warum sehen Frauen Pornofilme immer bis zum Schluss? Weil sie wissen wollen, ob die Beiden am Ende heiraten!**

Warum schauen sich Frauen gerne Liebesfilme an - gibt es in ihren Beziehungen etwa nicht genug Liebe? Ladys legen größeren Wert auf Gefühle und schauen sich daher eher Herz-Schmerz-Streifen an. Männer sind dagegen *"Augentiere"* und können sich daher für visuelle Stimulation (die Pornofilme im Übermaß liefern) sehr begeistern. Daher nutzen sie gerne die Gelegenheit, sich mit Hilfe solcher Stimuli zwischendurch schnell und unkompliziert sexuelle Entspannung zu verschaffen – ohne lange Vorreden, ausgiebigem Vorspiel, anstrengender Gymnastik und zeitraubender Nachsorge.

Häufig nutzen Männer die Selbstbefriedigung, die mit visueller Unterstützung am einfachsten gelingt, gezielt, um „*Überdruck*" abzubauen, damit sie später beim „*richtigen Sex*" mit der Partnerin entspannter sind und länger durchhalten. Der Film „*Verrückt nach Mary*"[1] mit Ben Stiller und Cameron Diaz von 1998 hat dieser Strategie ein filmisches Denkmal gesetzt („*Ist das Haargel?*").

Egal, ob Hardcore-Pornofilm oder Liebesromanze: Eine Konkurrenz zum Partner sind solche Filme in beiden Fällen nicht!

Selbst die Darsteller, das Genre und die gezeigten Praktiken, lassen nicht unbedingt einen Schluss darauf zu, dass dem

---

[1] http://amzn.to/2vbsoX7 „Verrückt nach Mary" 1998

Mann etwas fehlt und er im Ehebett erleben möchte, was auf dem Bildschirm gezeigt wird. Wenn im Film riesige Silikonbrüste die Hauptrolle spielen, dann bedeutet dies nicht, dass dem Mann die Brüste seiner Partnerin nicht gefallen und er sich über eine Operation mit ähnlich grotesken Konsequenzen freuen würde! Ein Gangbang-Film, bei der eine Handvoll Männer gleichzeitig und abwechselnd eine Frau penetrieren, heißt nicht, dass der Partner seine Frau teilen oder bei einer solchen Veranstaltung mitmachen möchte. Aus Szenen, in denen mit Urin herumgesaut wird, kann nicht automatisch gefolgert werden, dass der Mann der geliebten Partnerin und Mutter seiner Kinder, unbedingt in den Mund pinkeln möchte und so weiter. Pornofilme versetzen uns ebenso in eine Fantasiewelt, wie ein Actionstreifen, bei dem sich der Zuschauer zwar ebenfalls mit dem Held identifiziert – aber trotzdem keine Sehnsucht danach entwickelt, schwerbewaffnet durch feindliche Linien zu stürmen ...

Solange die Pornofilme kein Ersatz für gemeinsamen Sex, sondern zur Anregung und/oder Unterhaltung dienen und sich der Zuschauer stets bewusst ist, dass GUTER Sex total anders funktioniert, als im Film dargestellt (siehe voriges Kapitel), sehe ich darin kein Problem. Manche Filme bieten (ungewollte) Komik "*Warum liegt hier Stroh?*" oder können fast schon als eigenständiges Kunstwerk gelten (z.B. die Parodien auf „*Star Wars*" oder „*Piraten der Karibik*").

Wenn man offen darüber reden kann („*Kannst Du Dir vorstellen, dass DAS Spaß macht?*", „*Würde Dir das gefallen?*", „*Wollen wir dieses mal versuchen?*" usw.) können Pornofilme das Sexleben in der Beziehung durchaus bereichern. Ich schaue mir öfters mal einen Sexfilm an - teils alleine, teils zusammen mit meiner

Frau, manchmal schaut die Gattin ohne mich. Viele Filme sehen wir gar nicht bis zum Schluss, da wir zwischendurch übereinander herfallen ...

Sich von jemandem zu trennen oder ihm Vorhaltungen zu machen, weil er einen mit Pornofilmen *"betrogen"* hat, halte ich für kindisch und unaufgeklärt!

Der menschliche Körper

Der menschliche Körper ist ein Wunderwerk und noch immer hat die Wissenschaft nicht alle Rätsel gelöst, wie diese Billionen von Zellen, aus denen er zusammengesetzt ist, genau zusammenarbeiten. Man weiß inzwischen, dass nicht das Herz für Verstand und Liebe zuständig ist, aber warum Menschen sich in einen bestimmten anderen Menschen verlieben und warum sie sich irgendwann vielleicht auch wieder trennen, bleibt unkalkulierbar. Warum Menschen bestimmte sexuelle Vorlieben haben und an Stellen bzw. durch Praktiken erregt werden, die andere kalt lassen, kann niemand bis ins Detail erklären oder gar voraussagen.

Ich und mein Körper

Es ist also Zeit, sich etwas näher mit dem menschlichen Körper auseinanderzusetzen – allerdings möchte ich vorher nochmal in Erinnerung rufen, dass es keine Norm gibt, der sich nachzueifern lohnt und jeder Mensch individuell verschieden ist – und das ist gut so! Versuche nicht genauso zu sein, wie *„die anderen"*! Sei Du selbst, denn andere gibt es schon genug! Du bist größer, kleiner, dicker, dünner, heller, dunkler, leichter oder schwerer als der Durchschnitt? Wo ist das Problem?

Nehmen wir mal als Beispiel die Statur: Viele Mädchen halten sich für zu klein oder zu groß geraten. Die durchschnittliche Körpergröße bei Frauen in Deutschland liegt bei 164cm. Dazu ein paar Vergleichsgrößen von Bühne und Leinwand: Britney Spears: 163cm, Natalie Portman: 160cm, Christina Aguilera: 158cm, Shakira: 157cm, Lady Gaga: 155cm, Kylie Minogue: 153cm und so weiter. Gut, dass die genannten Damen sich nicht für „*zu klein*" hielten, um ein großer Star zu werden!

Da „*klein*" auch den Beschützerinstinkt eines Mannes weckt, können sich Frauen meist früher oder später damit anfreunden, dass ihr Partner sie überragt. Ist ein Mädchen dagegen deutlich größer als der Durchschnitt, fürchtet sie, dass Männer sich davon erst recht abschrecken lassen. Aber auch in diesem Fall sollte man sich nicht selbst Grenzen setzen, die nur im eigenen Kopf existieren. Der richtige Mann kommt auch damit zurecht, wenn er seiner Partnerin auf Augenhöhe begegnen kann oder diese ihn gar überragt. Brasiliens größtem weiblichen Teenager *Elisany da Cruz Silva* (203cm) hat ihr 162cm großer Freund jedenfalls einen Heiratsantrag gemacht ...

Aber die Körpergröße ist ja nur ein Beispiel für das Unwohlsein, welches Viele befällt, wenn sie sich mit den in den Medien verbreiteten Körperidealen vergleichen.

Während man an der Körpergröße nicht wirklich etwas ändern kann, hat sich um das Idealgewicht eine ganze Industrie etabliert. Von der alljährlichen Frühjahrsdiät in den diversen Magazinen, bis zur mit religiösem Eifer verfolgten Veganer-Bewegung, wird um die „*richtige Ernährung*" und das „*optimale Gewicht*" ein riesiges Bohei veranstaltet, was natürlich viele Menschen, die nicht von Natur aus rank und schlank sind, verunsichert.

Inhalt einer typischen Frauenzeitschrift:

20 Seiten zum Thema „Sei du selbst!"

30 Seiten „Wie man in nur 4 Wochen 10kg abnehmen kann!"

20 Seiten mit „Leckeren Tortenrezepten"

Die zweite Hälfte des Magazins besteht aus Werbeanzeigen mit magersüchtigen Models...

Hier gilt aber im Prinzip dasselbe wie bei der Körpergröße – zunächst einmal ist entscheidend, wie sich ein Mensch selbst sieht und gibt. Zu glauben, man hätte keine Chancen bei seinem Schwarm, nur, weil man ein paar Kilos zu viel auf den Rippen hat, ist traurig. Den allermeisten ist ein netter Mensch mit Übergewicht, viel sympathischer als ein arrogantes Fotomodell!

Sind meine Brüste zu klein?

Während die Jungs sich um ihre Schwanzgröße sorgen, hadern die Girls mit ihrer Körbchengröße. Die einen Mädchen finden ihre Brüste zu klein, die anderen sind üppiger ausgestattet und finden sie deshalb zu groß und wenn alles passt, dann sind die Zwillinge (gefühlt) bestimmt ungleich!

Während die Schwanzgröße eines Mannes in der öffentlichen Diskussion keine Rolle spielt, da er diesen ja nicht offen zur Schau stellt, stehen die Brüste einer Frau häufig im Rampenlicht und sind ein beliebtes Diskussionsthema von Stammtischgesprächen ebenso, wie von Klatschmagazinen. Öffentlich wird durchgekaut welche Berühmtheit mit einem *„Breastjob"* – also einer Brustoperation – ihrer *„Schönheit"* auf die Sprünge geholfen und mit Silikon ihre Oberweite vergrößert hat.

In Pornofilmen kann man überdimensionierte Brüste dann ebenso bewundern, wie in Hollywood-Produktionen und selbst junge Schauspielerinnen und Sängerinnen mit perfekt geformtem Busen legen sich unters Messer, um die Attribute ihrer Weiblichkeit noch augenfälliger zu machen, bis diese teils grotesk anmutende Größen und Formen annehmen.

Gerade bei umfangreicheren *„Umbauten"*, bei der auch die Brustwarzen versetzt oder bei der Operation Nerven beschädigt werden, dauert es oft einige Jahre, bis das Gefühl in diese erogenen Zonen einigermaßen zurückgekehrt ist.

Dabei stehen gar nicht alle Kerle auf besonders großen Vorbau. Im Gegenteil: Viele Männer haben ein ausgesprochenes Faible für kleine, natürliche Brüste und können sich für die *„großen Dinger"* überhaupt nicht begeistern! Nur wenigen Jungs kann die Oberweite gar nicht riesig genug sein, weswegen sie teils sogar versuchen, ihre Freundin zu noch größeren Brüsten zu überreden. Die allermeisten nehmen es allerdings *„wie's gerade kommt"* und lieben die Frau, die sie kennengelernt haben, exakt so wie sie ist, denn sie wollen sie ja vernaschen – und nicht melken!

Wenn Du selbst Deine Brüste als zu klein geraten empfindest, dann tröste Dich damit, dass Du in ein paar Jahren immer noch ohne BH herumlaufen darfst, Du keine Rückenschmerzen durch frontseitige Gewichte bekommst und rennen kannst, ohne Deine Zwillinge festhalten (oder festzurren) zu müssen. Ich kenne einige Frauen, die oft schon in jungen Jahren meinten, sich Implantate einoperieren lassen zu müssen - ABER KEINE EINZIGE IST DADURCH SCHÖNER GEWORDEN!

Natürlich gibt es ein paar Typen mit Silikon-Fetisch und/ oder Mutterkomplex - aber an denen solltest Du Dein Leben nicht ausrichten oder an Deiner Gesundheit herumpfuschen!

Am schönsten und erotischsten finden Männer Frauen, die mit sich selbst zufrieden sind, ohne arrogant aufzutreten. Das bedeutet, dass sie sich beispielsweise nicht verkrampfen und verbiegen, weil sie meinen ihre Brüste wären zu klein/ groß/ ungleich/ spitz/ flach/ hängend, die Nippel zu klein/ groß/ lang/ kurz, die Warzenhöfe zu hell/ dunkel/ unförmig/ asymmetrisch usw. und daher auf *"Licht aus"* oder *"Unterwäsche anlassen"* bestehen.

Ist meine Muschi hässlich?

Reden wir also über die Vulva, wie die Gesamtheit der sichtbaren primären weiblichen Geschlechtsorgane genannt wird. In diesem Buch werde ich öfters von „*Muschi*" sprechen, denn mit „*Vulva*" können viele Menschen vergleichsweise wenig anfangen. Katzenbesitzerinnen sollten ihren Liebhaber gegebenenfalls darauf hinweisen, dass sich „*Leck*' meine Muschi!*" nicht auf die Hauskatze bezieht. Unter dem Begriff „*Vagina*" oder „*Scheide*" versteht man dagegen genau genommen nur den innen liegenden Muskelschlauch, den man normalerweise nicht zu sehen bekommt (oder gar lecken kann). Trotzdem werden diese Begriffe gerne munter durcheinandergeworfen und nicht immer treffsicher verwendet – von beiden Geschlechtern!

Während Jungs oft schon von klein auf stolz auf ihren Penis sind und diesen auch gerne herumzeigen (solange sie ihn nicht für zu klein halten – aber das hatten wir ja schon…), ist das Verhältnis der Frau zur weiblichen Intimzone oft deutlich verkrampfter. Viele Mädchen halten „*das da unten*" schon allein aufgrund ihrer Erziehung für schmutzig und hässlich. Oft hat man ihnen schon von klein auf beigebracht, dort die Finger wegzulassen, „*es*" niemanden sehen zu lassen und austretende Sekrete, Urin und Blut mit Abscheu zu betrachten und möglichst diskret zu entfernen.

An einer Vulva ist allerdings überhaupt nichts „*hässlich*", „*eklig*" oder sonst auf irgendeine Weise unerotisch - im Gegenteil! Männer sehen das völlig anders und viele negative Eigenschaften, die einer Frau an ihrer Muschi auffallen, kämen einem Mann nie als schlecht oder gar „*hässlich*" in den Sinn. Schamlippen präsentieren sich in der Regel immer dunkler als die „*normale*" Haut - das ist wie bei den Knien oder Ellenbogen, wenn Bein bzw. Arm gestreckt werden und auch sein Hodensack zeigt dieses Phänomen.

Bei recht vielen Frauen sind die inneren Schamlippen größer und schauen zwischen den großen Schamlippen hervor. Auch asymmetrische Schamlippen kommen recht häufig vor – das ist also ebenfalls nicht „*unnormal*". Du bist (wirst) halt eine FRAU und keine BARBIE-PUPPE! Die allermeisten Männer wären selbst unter Folter nicht in der Lage zu benennen, wo die Geliebte dort irgendwelche „*Makel*" hat - WEIL SIE ES NICHT SO SEHEN, ES IHNEN NICHT AUFGEFALLEN BZW. NICHT WICHTIG IST! Selbst wenn Deine Freundin untenrum völlig anders aussieht, dann bist du trotzdem noch lange kein „*Freak*". Das Bravo-Team hat eine Galerie[1] mit Dutzenden Vulvas zusammengestellt, wo Du Dir unterschiedlichste Erscheinungsformen von Muschis ansehen kannst.

Genau wie bei den Brüsten gilt auch für die Scham: Am schönsten und erotischsten finden Männer Frauen, die mit sich selbst im Reinen sind, ohne arrogant aufzutreten. D.h. sich beispielsweise nicht verkrampfen, weil sie meinen, ihre Schamlippen seien zu hässlich/ groß/ klein/ ungleich, der Kitzler zu groß/ klein usw. und daher auf „*Licht aus*" oder „*Unterwäsche anlassen*" bestehen.

Intimrasur – wie und warum?

Bis zum Beginn der Neunziger ließen Mann und Frau in ihrer Intimzone meist der Natur ihren Lauf und die Haare zwischen ihren Beinen ungehindert sprießen. Lediglich die „*Bikinizone*" der Damen wurde oft zumindest soweit gestutzt, dass keine Haare am Rand des Höschens hervorquollen. Erst nach und nach setzte sich „*blank rasiert*" durch, woran die Pornoproduzenten, die dadurch „*mehr*" zeigen können und auch die Paysex-Branche, wo „*rasiert*" schon länger in der Beschreibung der Dienstleisterinnen zu finden ist, ihren Anteil haben.

Heute halten – vor allem unter den jüngeren – viele Menschen in unseren Breiten ihre Intimzone haarlos. In Asien gilt Intimbehaarung dagegen vielfach als unverzichtbar. Bei so manchem Aufklärungsgespräch der Eltern mit ihren pornofilm-erfahrenen Kindern, wird inzwischen vorsorglich darauf

---

[1] http://www.bravo.de/dr-sommer/die-neue-vulva-galerie-274145.html

hingewiesen, dass Menschen normalerweise „*da unten*" Haare haben. So sollen die Söhne vor einem Schreck bewahrt werden, wenn sie erstmals eine Muschi im Naturzustand aus der Nähe sehen und Mädchen sich nicht wundern, dass der Sack des Partners womöglich behaart ist ...

Was spricht nun dafür, sich von seiner Intimbehaarung zu trennen? Berührungen auf der blanken Haut fühlen sich deutlich intensiver an, was erst einmal das Hauptargument ist. Vielen gefällt der Anblick der blanken Genitalien auch besser und Jungs, die ja häufig glauben sie seien zu kurz gekommen, schätzen es, dass ihr „*kleiner Chef*" ohne Behaarung länger wirkt.

Zwei neunzigjährige Männer beim Duschen im Altersheim:

Du bist ja untenherum rasiert!

Ja klar – wer nicht mehr stehen will, der braucht auch nicht weich zu liegen!

Meiner Erfahrung nach liegt der Hauptvorteil darin, dass man beim Oralverkehr nicht ständig mit Haaren kämpfen muss, die einem in Mund und Nase geraten. Wenn sich ein Mann nicht erst durch einen Urwald an Haaren züngeln muss, um seine Partnerin oral zu verwöhnen, dann macht ihm das auch mehr Spaß. So er kann auch die großen Schamlippen und den Venushügel besser und ausgiebiger mit dem Mund bearbeiten.

Gleiches gilt auch im umgekehrten Fall, denn auch ein rasierter Hodensack ist angenehmer zu verwöhnen, als ein haariges Anhängsel.

Wie wird man aber die lästigen Haare los? Die meisten Menschen nutzen Rasierschaum und Nassrasierer in der Badewanne oder unter der Dusche. Dabei sollte man die Klinge stets in Wuchsrichtung führen – auch wenn diese da unten nicht immer einfach zu erkennen ist. Mehr Spaß macht es natürlich, wenn man sich gegenseitig den Dienst erweist und einander rasiert. Wichtig ist die Haut glatt zu ziehen (was in Verbindung mit glitschigem Rasierschaum durchaus eine Herausforderung ist), damit man sich nicht schneidet.

Nach der ersten Rasur ist es normal, wenn es ein Weilchen juckt – vor allem, wenn nachwachsende Haarstoppel an der Unterwäsche reiben. Gerade anfangs tut man sich als Frau auch leichter, wenn man auf die schicken Synthetik-Dessous verzichtet und stattdessen Baumwolle trägt. Das Jucken lässt in ein paar Tagen nach. Wenn Du zu Pickeln neigst und sich die frisch rasierten Haarwurzeln bei Dir gerne entzünden, dann solltest Du nach der Rasur unbedingt desinfizieren. Rasierwasser und Parfum ist zwar prinzipiell geeignet, brennt allerdings recht heftig – wenn auch nur kurz. Im Handel gibt es hier aber auch milde Produkte z.B. von NIVEA und ähnlichen Herstellern.

> *Coco Chanel soll gesagt haben, dass man Parfum stets dorthin sprühen soll, wo man geküsst werden möchte – habe ich probiert, brennt aber ziemlich ...*

Eine schmerzlose, wenn auch deutlich teurere Alternative stellen Enthaarungscremes dar. Diese werden aufgetragen und nach einer Einwirkzeit mit einem Spatel mitsamt den Haaren abgestreift. Lies auf jeden Fall sorgfältig die Anleitung und verlasse Dich nicht auf Hörensagen Deiner Freunde und Bekannten – die Einwirkzeiten können sich von Produkt zu Produkt unterscheiden. Du solltest vor dem großflächigen Einsatz auch unbedingt erst einmal testen, wie Du das Produkt verträgst! Empfindliche Haut kann mit Rötungen, Brennen und Ausschlag reagieren – und zwischen den Beinen natürlich umso mehr.

Wachsen oder Sugaring – egal ob heiß oder kalt – ist in der Intimregion nur ausgesprochenen Masochisten zu empfehlen. Dabei werden die Haare mit Wachs bzw. Zuckerpaste an aufgelegten Stoffstreifen verklebt und dann mit einem Ruck abgezogen. Dies ist zwar recht gründlich, da die meisten Haare mitsamt der Wurzel ausgerissen werden, was Deine Muschi babyzart macht – aber die Prozedur ist genauso schmerzhaft, wie es sich liest.

Solltest Du mit der Intimrasur nicht zurechtkommen, weil Du ständig mit Entzündungen und gereizter Haut zu kämpfen hast, dann kannst du Deine Haare ja auch einfach stutzen. Elektrische Langhaarschneider oder neudeutsch „*Bodygroomer*", bei denen man mit Hilfe eines Aufsatzes die gewählte Länge einstellen kann, können Deiner Intimfrisur genügend Schick geben, dass Du Dich wohlfühlst und Eure Sexperimente zu keiner Dschungexpedition werden müssen ...

Körperschmuck und Tattoos

Während man vor wenigen Jahrzehnten Tattoos in erster Linie mit Seeleuten, Gangmitgliedern und Gefängnisinsassen in Verbindung brachte, ist dieser Trend der Körperverschönerung heute längst im Mainstream angekommen. Ich persönlich kann allerdings nicht nachvollziehen, warum gerade Frauen, die ja *„unmöglich"* das Kleid von vor 5 Jahren anziehen KÖNNEN, weil es ja *„total aus der Mode gekommen"* ist, sich mit Mustern und Motiven verzieren, welche sie die nächsten Jahrzehnte tragen MÜSSEN. Da es Deine Eltern höchstwahrscheinlich schon oft genug gesagt haben, brauche ich auch nicht ausführlich daran zu erinnern, dass sich der Geschmack und die Einstellung im Laufe des Lebens ändert und das *„ach so tolle Motiv"*, welches einem *„garantiert das ganze Leben gefallen wird"*, in ein paar Jahren als *„Jugendsünde"* bezeichnet werden wird. Wer erinnert sich noch an die Anfangsjahre dieses Jahrtausends, als gefühlt jedes zweite Mädel glaubte, unbedingt ein *„Arschgeweih"* haben zu müssen? Heute beschert der damalige Modetrend den Laser-Spezialisten ein Vermögen, durch den Versuch diese *„Kunstwerke"* wieder zu entfernen ...

> **Ob sich Chinesen auch deutsche Worte in den Nacken tätowieren lassen?**

Besonders peinlich wird es, wenn man sich den Namen des aktuellen Partners als *„Liebesbeweis"* unter die Haut stechen lässt. Natürlich ist der aktuelle Gefährte der *„Eine"*, mit dem man sein restliches Leben verbringen und zusammen alt werden wird. Nieeeeee würde man ihn betrügen und selbstverständlich bleibt einem dieser Ausnahme-Mensch auch auf ewig treu. Damit dann nicht nur der Partner, sondern auch gleich die ganze Welt sieht, dass man *„auf ewig zusammengehört"* lässt man sich den Namen des Geliebten dann stechen – je größer der Schriftzug, umso größer der Liebesschwur. Wenn man dann noch ein *„Property of…"* (also *„Eigentum von"*) davorsetzt, ist die Botschaft eindeutig und auch dem unbedarften Betrachter sollte klar sein, dass es sich bei dem Namenszug weder um den Nachwuchs oder ein anderes Mitglied der Verwandtschaft handelt, sondern um den Geliebten – oder eben den Zuhälter.

Wenn Du glaubst, dass Du unbedingt ein Tattoo haben musst, um einem bestimmten Menschen zu gefallen, dann ist das die falsche Motivation. Wenn Du der Welt etwas mitteilen möchtest, dann lass' Dir ein paar T-Shirts drucken – das ist preiswerter, tut weniger weh und ist leichter zu wechseln. Mir ist auch noch kein Fall bekannt geworden, bei dem ein Lover gesagt hat *„Ich wollte ja eigentlich fremdgehen – aber da das Mädel meinen Namenszug als Tattoo trägt, lasse ich das jetzt…".*

Mir haben schon Frauen, die reichlich mit Farbe und Metall verziert sind, ihr Leid dahingehend geklagt, dass Männer sie aufgrund ihres martialischen Erscheinungsbildes automatisch in eine devote Schublade stecken. Nach dem Motto *„Das Mädel ist ja Schmerzen gewohnt"* wird sie dann mit Grobheiten *„verwöhnt"*, während sie sich eigentlich nach Zärtlichkeit sehnt.

Ein verwandtes Thema – alleine schon, weil viele Studios Tattoos und Piercings unter einem Dach anbieten - sind die bunten Metallstecker, welche man an den originellsten Stellen am Körper tragen kann. Ohren, Nase, Lippe, Augenbrauen und Bauchnabel sehen dabei viele als nicht mehr spektakulär genug an und suchen dann auch anderweitig nach geeigneten Stellen:

Zungenpiercing

Gerüchten zufolge soll ja der Blowjob für den Mann um so viel angenehmer sein, dass sich alleine schon dafür das Stechen eines Zungenpiercings lohnt. Unter uns gesagt: Ich hab's oft genug ausprobiert und hunderte Blowjobs mit und ohne Zungenstecker von unzähligen Frauen genossen – die kleine Perle spürt man kaum und für guten Oralsex sind völlig andere Dinge wichtig!

Wenn Du also glaubst, dass Du Deinem Mann ein tolles Geschenk machst, indem Du Dir ein Zungenpiercing stechen lässt, dann freut er sich wahrscheinlich hauptsächlich auf die in Aussicht gestellten Blowjobs im Allgemeinen, als auf den Fremdkörper an seinem Freudenstab! Wenn er nicht völlig bescheuert ist, wird er Dir natürlich bestätigen, um wie viel besser sich Dein Verwöhnprogramm anfühlt – nicht dass Du etwa auf die Idee kommst diesen Service künftig einzustellen.

Brustwarzenpiercing

Viele Frauen lassen sich die Nippel einer oder beider Brüste mit Steckern und Ringen verzieren. Inzwischen soll diese Form der Körpermodifikation das Bauchnabelpiercing vom ersten Rang der Hitliste verdrängt haben. Zahlreiche Stars von Musikbühne und Leinwand machen auffällig Werbung für diese Art des Schmucks – man denke nur an den „*Nipplegate-Skandal*" als Janet Jackson 2004 in der Halbzeitpause des Superbowl von Justin Timberlake „*versehentlich*" entblößt wurde und ganz Fernseh-Amerika ihre mit Nippleshields verzierte Brust sehen durfte. Diesem Vorfall ist es übrigens zu verdanken, dass derartige Sendungen in den prüden USA seitdem mit einigen Sekunden Zeitverzug übertragen werden, damit die Bildregie gegebenenfalls den Zensurknopf drücken kann.

Da sich Nippelpiercings unter dünnen Oberteilen und Bikinis abzeichnen, kann man sich, ohne allzu freizügig zu sein, damit prima darstellen und die Fantasie des Betrachters anregen. Piercings an solchen intimen Stellen signalisieren eine gewisse sexuelle Offenheit, Verruchtheit und Experimentierfreudigkeit – oder werden zumindest so verstanden. Verschiedene Trägerinnen berichten auch über gesteigerte Empfindlichkeit der Brustwarze und angenehmen Gefühlen beim Tragen.

Wie so vieles ist auch ein Nippelpiercing Geschmackssache. Ich liebkose lieber eine Brust ohne Stecker und Ringe, während der eine oder andere sein Glück gar nicht fassen kann, wenn er beim Auspacken dort allerlei Glitzerkram entdeckt. Solltest Du Dich entschließen, Deine Zwillinge mit einem Piercing auszustatten, dann musst Du beim Stechen und der Nachsorge auf perfekte Hygiene achten, um Entzündungen und Narben zu vermeiden! Einen ausführlichen Artikel zum Thema findest du in Wikipedia.[1]

Klitoris(vorhaut)piercing:

Noch intimer ist ein Piercing im *„Untergeschoss"* – und entsprechend kleiner das Publikum, welches das Schmuckstück zu sehen bekommt. Dabei ist es jedoch so, dass ein perfekt gestochenes Piercing auch den Kitzler der Trägerin erregen kann.

---

[1] https://de.wikipedia.org/wiki/Brustwarzenpiercing

Das einfachere und risikoärmere Piercing durch die Vorhaut der Klitoris ist dabei die häufigste Variante. Ein echtes Klitoris-Piercing DURCH die Klitoriseichel ist aufgrund der zahlreichen Nervenenden nicht nur äußerst schmerzhaft, Komplikationen können auch zu einer Desensibilisierung – also Unempfindlichkeit – der Klitoris führen. Eine ausführliche Beschreibung der verschiedenen Piercingarten würde den Umfang dieses Buches sprengen. Bei Wikipedia findest Du eine detaillierte Beschreibung der verschiedenen Varianten mit zahlreichen Abbildungen.[1]

Den Lustgewinn dieser Piercings kann ich als Mann nicht wirklich beurteilen. Ich empfinde allerdings die Mehrzahl solcher Intimpiercings beim Lecken als störend. Metallperlen, die gegen meine Zähne klappern oder Schmuckstücke, die bei einer heftigen Zuckung an meinen Vorderzähnen hängen bleiben, mindern das orale Vergnügen für beide Seiten.

---

[1]

https://de.wikipedia.org/wiki/Piercing#Intimpiercings_bei_Frauen

Sex und Religion

Ich bekenne: Ich bin leidenschaftlicher Atheist. Wenn Du irgendwelche uralten Märchenbücher und Überlieferungen über die Wissenschaft, die Nächstenliebe, den gesunden Menschenverstand und die moderne Gesellschaft stellst, dann solltest Du gegebenenfalls besser zum nächsten Kapitel blättern – oder (was mir lieber ist) Deine eigenen Schlüsse aus meinen nun folgenden Ausführungen ziehen.

Leider ist es ja üblich, dass die meisten Religionen sich mit ihren Regeln und Gebote nicht auf das Verhältnis zwischen den Göttern und den Menschen beschränken, sondern auch allerlei Vorschriften für das Miteinander der Gläubigen mitbringen. Von leicht nachvollziehbaren und weitestgehend akzeptierten Regeln wie *„Du sollst nicht töten"* bis zu teils albern anmutenden Speisegesetzen.

Mir persönlich ist es ja egal, wer an welche *„höhere Macht"* glaubt - egal ob Gott, Allah, Jahwe, Odin, Ra, Zeus, Lord Voldemort oder Darth Vader – vorausgesetzt, dass er dies im stillen Kämmerlein tut und nicht glaubt, seine Gottheit gäbe ihm das Recht sämtlichen Mitmenschen in ihr Leben zu pfuschen! Solange sich Menschen umbringen, weil sie sich in *den „falschen Partner"* verliebt haben (z.B. weil dieser dem gleichen Geschlecht angehört) bzw. umgebracht werden, weil Religion und *„Ehre"* dies verlangen, habe ich ein Problem mit Religionen aller Art.

> *Religion ist wie ein Penis:*
>
> *Es ist in Ordnung eine(n) zu haben.*
>
> *Du solltest aber nicht damit denken!*
>
> *Es ist in Ordnung stolz darauf zu sein, aber es macht Dich nicht zu einem besseren Menschen!*
>
> *Man sollte auch nicht in der Öffentlichkeit damit herumwedeln!*
>
> *Und BITTE versuche nicht, diese(n) in meine Kinder zu drücken!*

Entstanden sind Religionen ursprünglich, um unerklärliche Phänomene des Lebens zu erklären – z.B. Wo verschwindet in der Nacht die Sonne hin? Warum wechseln die Jahreszeiten? Wer kontrolliert das Wetter? Warum brechen Vulkane aus? Warum gibt es Erdbeben? Wieso leiden wir unter einer Dürre? Woher kommen Kometen? Was sind Sterne? Warum werden Menschen krank? Warum sehen Tiere aus, wie sie aussehen? Wo kommen wir her?

Und natürlich die wichtigste aller Fragen: „*Wo gehen wir hin, wenn wir tot sind?*"

Aus den anfangs verehrten Naturphänomenen wie der Sonne, wurden nach und nach menschenähnliche Superwesen – die „*Götter*", die den Lauf der Gestirne lenkten und beispielsweise den Sonnenwagen über den Himmel zogen. Das tausende Jahre ausschließlich mündlich weitergegebene „*Wissen*", um die Götter und ihre Heldentaten, Kriege, Affären und Intrigen wurde mehr und mehr ausgeschmückt.

In fast allen Religionen gibt es auch ein paradiesisches Jenseits, in das natürlich nur die „*Guten*" und „*wahren Gläubigen*" Einlass finden und die Entscheidung darüber, was „*gut*" und „*richtig*" ist, hängt stets von der jeweiligen Glaubensrichtung ab. Schon bald fanden Menschen heraus, dass man durch die Kenntnis dieser Geschichten und Regeln nicht nur Ansehen, sondern durch den „*besonderen Draht zu den Göttern*" auch Macht und Reichtum gewinnen kann. So tauchten dann die ersten Schamanen, Seher, Medizinmänner und Priester in den Clans und Stämmen auf und agierten als Sprachrohr der Götter.

> **Gott wurde von Steinzeitmenschen erfunden, um Blitz und Donner zu erklären.**

Gleichzeitig hatte man dadurch einen prima Vorwand, um andere Menschen zu versklaven, zu unterdrücken und zu bekriegen, denn diese huldigten ja den „*falschen*" Götzen, während man die „*wahren*" Götter auf seiner Seite wusste. Die eitle Annahme, dass man das unglaubliche Glück hatte bei rund 4000 bekannten Gottheiten ausgerechnet in eine Familie hineingeboren zu werden, in der an den einzig „*richtigen*" Gott geglaubt wird, zieht sich bis heute durch das Selbstverständnis religiöser Menschen. Die Allerwenigsten „*finden selbst zu einem Gott*", sondern werden durch ihr Umfeld zu Gläubigen gemacht. Meist ordnen die Eltern das Kind ungefragt der eigenen Religion unter.

Seit erstmals ein „*heiliger Mann*" die Tochter eines Stammesgenossen begehrt hat und es als „*Wille der Götter*" verkündet hat, dass diese ihn zu heiraten habe, ist Religion das beste Geschäftsmodell der Welt. Religion verfügt über das beste vorstellbare Produkt: Ewiges Seelenheil im Jenseits und Glück auf Erden. Gegen entsprechende Bezahlung – selbst wenn es nur folgsamer Dienst als Soldat ist – kann sich der Gläubige einen Platz im Himmel verdienen und von dort ist noch nie jemand zurückgekommen und hat reklamiert, dass es da oben anders aussieht, als versprochen. Sollte sich das erbetete „*Glück auf Erden*" dann trotz aller Frömmigkeit nicht einstellen, so hat der Gläubige bestimmt doch irgendeine Sünde begangen – und wenn es nur unzüchtige Gedanken oder Zweifel an der Allmacht Gottes sind - welche im Umkehrschluss den Göttern das Recht geben, ihm seinen Wunsch zu versagen.

Selbst schweres Unglück – wie der unverdiente Tod eines kleinen, unschuldigen Kindes – wird als „*Prüfung Gottes*" verkauft und ein „*Gottes Wege sind unergründlich*" soll den trauernden Eltern Trost spenden. Andererseits danken Menschen aufrichtig ihrem Gott für das gewonnene Fußballspiel oder den wiedergefundenen Autoschlüssel, während ihr „*allmächtiger Gott*" gleichzeitig viele Millionen Menschen mit Hunger und Krankheiten quält.

> *"Das Schlimmste an der christlichen Religion ist ihre krankhafte und unnatürliche Einstellung zur Sexualität."*
>
> *Bertrand Russell*
> *(britischer Philosoph 1872-1970)*

An dieser Stelle möchte ich mich jedoch hauptsächlich mit dem Verhältnis der Religionen zu Sex beschäftigen – auch wenn dies hier nicht erschöpfend und unter Berücksichtigung aller Glaubensrichtungen möglich ist. Aus Sicht von *„Gottes Bodenpersonal"* der meisten Religionen ist Sex ja ohnehin nur eine unerwünschte Ablenkung vom Wesentlichen (nämlich zu beten, zu missionieren usw.) und daher eher zähneknirschend zur Vermehrung (der Gläubigen) geduldet. Dies ist auch der Grund, warum Verhütung, Abtreibung usw. meist ebenfalls verboten ist. Da man heutzutage die Menschen in den Betten weit häufiger und inbrünstiger *"Oh Gott!"* rufen hört, als in Tempel, Moschee oder Kirche, lässt sich dieses Konkurrenz-Denken leicht nachvollziehen.

Jungfrauenkult

Eine typische Vorschrift der meisten Religionen, die allerdings je nach Kultur heute höchst unterschiedlich befolgt wird, ist das Gebot unbedingt jungfräulich in die Ehe zu gehen.

In ferner Vergangenheit war eine jungfräuliche Braut die Gewähr dafür, dass der frischgebackene Ehemann nicht versehentlich die Nachkommen eines Konkurrenten großzieht und dadurch seine Ressourcen für fremdes Erbgut verschwendet, anstatt die eigenen Gene weiterzugeben (was mangels detaillierterer Kenntnisse über den Fortpflanzungsprozess mit „*Blut*" und „*Blutlinie*" umschrieben wurde). Andererseits sollte mit dieser Vorschrift verhindert werden, dass eine ledige Mutter ohne Versorger mittellos zurückbleibt. Daher haben praktisch alle Religionsstifter den vorehelichen Verkehr zur "*Sünde*" erklärt und entsprechend sanktioniert, was ja durchaus gut gemeint und mangels Alternativen – also beispielsweise zuverlässiger Verhütung - der einzig mögliche Weg war.

So hat das Ideal der Enthaltsamkeit bis zur Ehe auch Eingang in viele Kulturen gefunden. Leider gibt es immer noch Gemeinschaften, welche diese gut gemeinten, viele Jahrhunderte alten Regeln bitterernst nehmen, ohne diese in den Kontext der heutigen Zeit zu setzen - bis hin zum *("Ehren-")*Mord ...

"Von allen sexuellen Verirrungen ist Keuschheit die abwegigste."

**Anatole France
(französischer Schriftsteller 1844-1924)**

Dank Geburtenkontrolle, Safer Sex und Vaterschaftstest sind die ursprünglichen Beweggründe für die Forderung nach Jungfräulichkeit längst obsolet. Jetzt geht es nur noch um den obskuren Begriff der *"Ehre"* - wobei meiner Meinung nach der wichtigste Beweggrund die Angst vor dem Vergleich ist (*"Was ist, wenn meine Frau/mein Mann mit einem meiner Vorgänger mehr Spaß hatte...?"*).

Interessant ist, dass dieses Ideal dann allerdings oft mit allerlei Doppeldeutigkeiten umgangen wird, denn Menschen waren schon immer findig darin, ein Schlupfloch in solchen Vorschriften zu finden – vor allem, wenn ein derartig starker Trieb dahinter steht, wie der Fortpflanzungstrieb. Beispielsweise ist es manchen Muslimen (den Zwölferschiiten – die meisten anderen Glaubensrichtungen lehnen sie dagegen ab) gestattet eine sogenannte Zeitehe (Mutʿa-Ehe – auch als *„Genuss-Ehe"* bekannt) einzugehen. Ein Mann kann dabei eine Frau (Prostituierte) für einen im Voraus festgelegten Zeitraum – also zum Beispiel eine Stunde - *"heiraten"* und nach Ablauf der Frist gelten die *„Eheleute auf Zeit"* automatisch wieder als geschieden. An der Regel, dass ein weiteres derartiges Geschäft erst nach Ablauf von zwei Monaten (in denen sich herausstellen sollte, ob die *„Eheleute"* Nachwuchs gezeugt haben) eingegangen werden darf, kann man die Sorge um die Bestimmung der Vaterschaft ablesen.

Mit Regeln wie der Zeitehe und kreativer Auslegung des Begriffs *„Jungfräulichkeit"* vermeiden die *„Gläubigen"* dann den Verstoß gegen die heiligen Gebote. Eine gängige Praxis - auch in der christlich-amerikanischen *"Purity-Bewegung"* - ist einfach, bis zur Ehe ausschließlich Oral- und Analverkehr zu haben. Dadurch bleiben sie *"rein"* und *"jungfräulich"* bis zur Hochzeitsnacht. Am Ende blicken dann Girls, die schon ein Dutzend Schwänze in ihrem Darm hatten, verächtlich auf gleichaltrige Mädchen herab, welche zugeben, dass sie die Pille nehmen und mit ihrem festen Freund schlafen.

Da Sex etwas ist, was einen Menschen nicht „*abnutzt*" oder „*beschmutzt*" gibt es längst keinen Grund mehr für ein solches Bohei. Die Bedeutung der Jungfräulichkeit wird gnadenlos überschätzt! Solange man sich vernünftig um Verhütung kümmert und die Vorsichtsmaßnahmen bezüglich Geschlechtskrankheiten beachtet, gibt es keinen Grund sein modernes Leben nach den Buchstaben uralter Schriften und Gebräuche zu richten und ein schlechtes Gewissen zu haben, weil man nicht mehr lebt wie irgendwelche Wüstenvölker vor tausend und mehr Jahren.

Niemand wird ein 200 Jahre altes Medizinbuch zur Heilung einer lebensbedrohlichen Krankheit verwenden – aber immer noch lassen sich Menschen von 2000 Jahre alten Büchern ihr modernes Leben diktieren. Jeder muss für sich entscheiden und sich überlegen, ob er sich von anderen Menschen (Pfarrer, Imam, Rabbi oder sonst wem) sein Leben vorschreiben lassen möchte.

Meist überwachen ja die Eltern die Jungfräulichkeit des Nachwuchses. Dabei ist man allerdings bei Jungs weit weniger streng, als bei Mädchen. Natürlich liegt dies in erster Linie daran, dass der mögliche „*Schaden*", der durch eine ungewollte Schwangerschaft entsteht, ggf. in Form von Unterhaltszahlungen anfällt und somit durch etwas Geld aus der Welt zu schaffen ist. Leider wird die „*Schuld*" dann gerne auf die Frau abgewälzt, denn wäre sie „*tugendhaft*" wie sich das „*gehört*", dann wäre es auch nicht „*passiert*"! Gleichzeitig erkennt man den jungen Männern das Bedürfnis und das Recht zu, sich ihre „*Hörner abzustoßen*" und Erfahrungen zu sammeln.

Dabei sollte man – auch wenn es schwerfällt – als Jugendliche(r) nicht grundsätzlich alle Bedenken, welche die Eltern gegenüber einem Partner vorbringen, in den Wind schlagen. Oft ist es in erster Linie die Sorge, dass die eigenen Kinder „*Dummheiten*" machen, die sie später bereuen werden. Die Furcht, dass durch eine ungewollte Schwangerschaft im Teenageralter alle Pläne bezüglich Schulabschluss, Ausbildung, Studium und Beruf gefährdet oder gar unmöglich gemacht werden, ist durchaus berechtigt. Hinzu kommt, dass das junge Liebesglück den Belastungen durch eine Schwangerschaft und ein Baby oft gar nicht gewachsen ist und die junge Frau am Ende als alleinerziehende, minderjährige Mutter endet, was wiederum ihre Chancen schmälert einen neuen Partner zu finden und/oder die beruflichen Ziele zu erreichen.

Hier kann man beiden Seiten nur raten von Anfang an einen vertrauensvollen Umgang miteinander zu pflegen, bei dem eine Liebesbeziehung nicht verheimlicht werden muss und Eltern mit ihren Kindern Themen wie Verhütung offen ansprechen und umsetzen können. Eine echte Hilfe bieten Eltern indem z.B. die Mutter die Tochter zum Frauenarzt begleitet, um die optimale Verhütungsform zu finden oder der Vater dem Sohn Material und Tipps zum Umgang mit Kondomen liefert. Ein „*Wir hätten in dem Alter sowas früher nicht gedurft!*" hat noch nie eine Schwangerschaft verhindert und Verbote bzw. Moralpredigten kommen gegen die erste Liebe auch nicht wirklich an.

Wie bereits weiter vorne beschrieben, hat in Deutschland ein Jugendlicher ab 14 das Recht zur sexuellen Selbstbestimmung und darf daher einen Freund oder eine Freundin haben und natürlich auch mit dieser/diesem Sex haben. Dabei spielt es rechtlich <u>keine</u> Rolle, ob die Eltern damit einverstanden sind. Auch den Umgang mit der Jugendliebe dürfen sie dem

Nachwuchs nur dann mit rechtlicher Rückendeckung verbieten, wenn dieser nachvollziehbar eine Gefahr darstellt (z.B. eine bestehende Sucht nach harten Drogen).

Eltern, die ihren Kindern den mit Kontakt mit dem anderen Geschlecht verbieten, den Umgang mit potentiellen Partnern mit Strafe belegen oder versuchen, mit Hausarrest oder Taschengeldstreichungen die Kinder von der Welt fernzuhalten, bewegen sich auf dünnem Eis. Natürlich ist es immer schwierig sich gegen die eigenen Eltern zu stellen oder den Umgang mit einem geliebten Menschen gar vor Gericht einzuklagen – aber spätestens mit der Volljährigkeit – also ab 18 Jahren – muss sich ein Neu-Erwachsener diesbezüglich keine Vorschriften mehr machen lassen. Auch junge Frauen anderer Kulturkreise, die hier in Deutschland leben, haben ab diesem Zeitpunkt das Recht auf ein selbstbestimmtes Leben und müssen sich nur noch gegenüber dem eigenen Gewissen verantworten.

Wenn Du selbst Eltern hast, die Dir als Jugendlicher oder gar als Volljährigem vorschreiben wollen, wen Du lieben darfst und wen Du heiraten musst, dann ist es manchmal notwendig eine klare Position zu beziehen und diese zu kommunizieren. Deine Eltern sorgen in den ersten rund 20 Jahren Deines Lebens für Dich - aber für das Glück der folgenden 60/70 Jahre bist nur DU ALLEIN verantwortlich.

Eines Tages musst Du dich zwischen Liebe und Pflicht (z.B. den Eltern zu gehorchen) entscheiden. Kein Mensch kann Dir garantieren, dass Du mit Deinem jetzigen Partner auf ewig zusammen sein wirst - aber wer es nicht versucht, der wird sich auf ewig die Frage stellen, ob es nicht doch der Seelenverwandte gewesen wäre.

Möglicherweise ist auch erst der zweite oder dritte Mann, auf den Du dich einlässt, *"der Richtige"* - meist kann man das erst nach ein paar Jahren beurteilen, wenn die erste Verliebtheit abgeklungen ist und man sich dem Alltag gemeinsam stellen muss. Blöd, wenn man dann schon verheiratet ist und eine Trennung kompliziert wird. Rein rechtlich darfst Du ab 14 Sex haben und sobald Du 18 bist, kannst Du alleine entscheiden, wen Du heiratest, wo Du wohnst — aber auch, wer beispielsweise eines Tages einmal Deine Kinder sehen und Umgang mit ihnen haben darf. Auf diese Tatsachen musst Du gegebenenfalls Deine Vorfahren erst noch hinweisen. Grundsätzlich kann man ohne Eltern prima zurechtkommen und ein tolles, erfülltes, glückliches Leben führen - aber ohne einen Partner, den man liebt, nur sehr viel schwerer!

Die Angst, auf dem Partnermarkt „*wertlos*" zu sein, wenn man bereits entjungfert wurde, ist unbegründet. Damit schließt man nur einen kleinen Kreis potentieller Partner aus, die mit ihrem Denken noch in der Vorzeit hängen geblieben sind — und das ist ja schon mal recht praktisch!

Männer mit gesundem Selbstbewusstsein begrüßen es, wenn die Frau auch noch andere Erfahrungen mitbringt, und sind auch auf längst vergangenes nicht eifersüchtig. Manche Menschen, die gleich die erste Person, mit der sie intim wurden, geheiratet haben, fragen sich irgendwann, wie es denn mit einem anderen Partner wäre, und gehen dann fremd. Männer, die nicht damit zurechtkommen, dass ihre geliebte Frau in der Vergangenheit schon einmal mit anderen Männern Sex hatte, sind kein gutes Omen für eine gute und vertrauensvolle Beziehung!

Da Sex auch ein wichtiger Faktor in einer Beziehung ist (obwohl einige Moralapostel und Fantasie-Romantiker dies immer wieder bestreiten), sollte man sich auch im Bett verstehen. Auch der charmanteste und höflichste Mann kann sich im Bett als unverbesserlicher Egoist herausstellen. Den Partner erst zu heiraten und dann herauszufinden, ob man die gleichen Vorstellungen von gutem Sex hat, ist, als würde man an der Schießbude versuchen einen Treffer zu landen - blind und mit nur einem Schuss. Viel Glück dabei...

Die in der Vorstellung so romantische Hochzeitsnacht zweier Jungfrauen ist in der Praxis dann auch weit weniger sinnlich, erotisch und romantisch als verkrampft, bemüht und peinlich - dann lieber einen Partner mit Erfahrung! Gerade wenn das Paar vorher wirklich „*keusch*" gelebt und und bislang keinerlei Zärtlichkeiten ausgetauscht hat, ja womöglich den Partner erst in der Hochzeitsnacht zum ersten Mal nackt sieht, wird es selten ein Vergnügen. Ein zusätzlicher Stressfaktor ist, wenn man sich verpflichtet sieht „*es zu tun*" und womöglich am nächsten Morgen ein blutiges Bettlaken vorweisen muss.

Vor allem beim ersten Partner sollten die jungen Liebenden sich langsam herantasten, was oft Wochen und Monate dauert, bis man sich wirklich bereit fühlt, den nächsten Schritt zu gehen. Dann – und nur dann – kann eine Frau sich soweit entspannen, dass sie sich (auch unterbewusst) dem Partner öffnet und nicht verkrampft, denn guter Sex hat sehr viel mit Vertrauen zu tun – und das muss man erst einmal aufbauen...

Bin ich noch Jungfrau?

Im Wesentlichen hängt es davon ab, was DU als *"jungfräulich"* definierst! Die meisten Menschen verstehen darunter, dass man noch nie mit einem anderen Menschen Geschlechtsverkehr hatte.

Wieder andere sehen ausschließlich das intakte Jungfernhäutchen als Indikator und *"Beweis"* der Jungfräulichkeit. Allerdings ist dieser Hautfalten-Ring, welcher den Scheideneingang umgibt, höchst unterschiedlich ausgeprägt und die meisten Frauen bluten noch nicht einmal beim ersten Verkehr. Selbst ein Frauenarzt kann in der Mehrzahl der Fälle nicht zweifelsfrei feststellen, ob eine Frau bereits Sex hatte, oder schon im vorgefundenen Zustand geboren wurde.

Es gibt allerdings auch aller Spitzfindigkeiten um den Begriff herum, indem viele *"Gläubige"* zwar Anal- und Oralverkehr praktizieren und lediglich den Penis aus der Scheide lassen. Dann hatten sie zwar schon kräftig Sex, sind aber als Frau *"technisch"* noch Jungfrau, da das Jungfernhäutchen (lat. *Hymen*) - sofern überhaupt vorhanden - noch unbeschädigt ist.

Mädchen, die ohne störendes Hymen auf die Welt gekommen sind oder dieses durch Bewegung oder der Selbstbefriedigung beschädigt haben, gelten in deren Augen dann nicht mehr als Jungfrauen, obwohl sie noch nie einem Mann zu nahegekommen sind. Auf ein solches Mädchen dann herabzusehen, während man eine andere, welche schon dutzende Männer *"nur"* in ihrem Hinterstübchen hatte, als Jungfrau verehrt, ist ärmlich.

Wenn Du einen Partner gefunden hast, den Du liebst und der auch Dich liebt, dann solltet ihr ehrlich zueinander sein und wenn die Sprache auf die jeweiligen Vorerfahrungen kommt, dann sollte man auch darüber offen sprechen können. Wenn Du Angst davor hast, dass Dein Partner Dich plötzlich nicht mehr liebt, weil Du ihm die Wahrheit gesagt hast, dann steht Eure Beziehung auf tönernen Füßen und wird von Neid, Eifersucht und Misstrauen geprägt sein!

Wie bereits mehrfach ausgeführt, gilt in Deutschland, dass ein Jugendlicher ab 14 sexuell mündig ist. Ob Du noch Jungfrau bist, geht <u>niemanden</u> etwas an – auch Deine Eltern müssen es nicht erfahren. Deine Erziehungsberechtigten haben auch nicht das Recht, Dich auf ein intaktes Jungfernhäutchen hin untersuchen zu lassen und beispielsweise dafür zu einem Arzt zu schleppen!

Religion und Selbstbefriedigung

Viele Jahrhunderte hat man auch in unseren Breiten die Selbstbefriedigung als sündig und ungesund verteufelt und sich allerlei einfallen lassen, um – vor allem – Kinder und Jugendliche daran zu hindern, sich auf diese Weise zu vergnügen. Blindheit, Rückenmarkserweichung, Wahnsinn und allerlei sonstige Krankheiten würden die *„Selbstbeflecker"* strafen, hat man dem Nachwuchs erzählt und überhaupt könne ein Mann in seinem Leben nur 1000 Mal ejakulieren und dann sei für immer Schluss und der wertvolle Lebenssaft daher sorgsam einzuteilen. Mit Maßnahmen wie Keuschheits-Hosen und –Gürtel usw. sollte verhindert werden, dass der Nachwuchs an sich *„herumspielt"* und auch drastische Eingriffe an den Geschlechtsorganen wie Beschneidung und weibliche Genitalverstümmelung haben ihren Ursprung mit hoher Wahrscheinlichkeit in dem Wunsch nach Kontrolle der Sexualität.

Andererseits sei es natürlich eine große Sünde, die dem Einzug ins Paradies entgegenstünde, was mit der bereits erwähnte Eifersucht der meisten Religionen auf die überwältigende Erfahrung beim Orgasmus zu erklären ist. Inzwischen weiß man, dass Selbstbefriedigung gesund ist und zur normalen Sexualität des Menschen gehört. Fast jeder tut es – auch Erwachsene – aber kaum jemand redet darüber. Für junge Menschen ist es meist die erste sexuelle Erfahrung, die sie machen und gerade, wenn das Kind bzw. der Jugendliche frisch entdeckt hat, wie viel Vergnügen man durch die eigenen Hände erleben kann, wird jede Gelegenheit dazu genutzt.

Das Einzige, was an Selbstbefriedigung tatsächlich schädlich sein kann, ist ein dabei empfundenes schlechtes Gewissen, welches Menschen aber nur dann verspüren, wenn es ihnen durch Eltern und religiöse Eiferer in Form von Verboten und Sünde-Gefasel eingeredet wurde.

Wer glaubt, dass sich eine allmächtige Gottheit, welche sich ja angeblich um das komplette Universum kümmert, dafür interessiert, ob eines „*ihrer*" Geschöpfe sich mit Selbstbefriedigung vergnügt, der überschätzt die eigene Bedeutung in diesem Universum gewaltig!

Beschneidung und Genitalverstümmelung

Was als „*weibliche Beschneidung*" in verschiedenen Ländern (überwiegend im afrikanischen und arabischen Raum) praktiziert wird, ist ein stark verharmlosender Begriff für eine grausame

Tradition, die zwar oft als religiöse Pflicht verkauft, von allen großen Religionen allerdings höchstens geduldet wird. Noch sind beispielsweise in Ägypten über 90% der Frauen verstümmelt und auch in Deutschland lebende Familien lassen diese grausame Prozedur an ihren Töchtern oft bei einem Heimaturlaub vornehmen.

Dabei werden in der Regel die Klitoris und oft auch die kleinen Schamlippen entfernt, da diese als *„unrein"* und *„hässlich"* gelten und der Überlieferung zufolge ein Mann beim Kontakt mit diesen Partien unweigerlich krank würde bzw. ein Kind, das beim Geburtsvorgang diese berührt, mit Sicherheit sterben müsse. Ebenfalls weit verbreitet ist die Annahme, dass die Klitoris immer weiterwachsen und so zu einer Art Penis werden würde. Auf jeden Fall aber müsse bei einer unbeschnittenen Frau der Sexualtrieb derart die Überhand gewinnen, dass sie nicht mehr zu kontrollieren wäre, was dem eigentlichen Grund wohl am nächsten kommt.

Bei der grausamsten Form der weiblichen Genitalverstümmelung werden die Schamlippen daher vernäht und nur eine kleine Öffnung freigelassen, um Urin und Menstruationsblut abfließen zu lassen. Dadurch kann der frischgebackene Ehemann eines Tages sicher sein, dass seine Braut noch keinen vaginalen Verkehr hatte und *„jungfräulich"* ist. Vor dem Vollzug der Ehe muss er seine Frau dann regelrecht aufschneiden, damit er überhaupt eindringen kann. Dass damit die körperliche Liebe meist statt als ein lustvolles Erlebnis nur als schmerzerfüllte *„eheliche Pflicht"* durchlitten wird, kann man sich leicht vorstellen.

Auch bei den weniger drastischen Formen dieser Verstümmelung steht stets die Klitoris im Fokus der Bemühungen, die entweder weggeschnitten, abgeschabt oder weggeätzt wird. Obwohl es sich dabei „*nur*" um die Klitoriseichel handelt und das eigentliche Organ bis weit in den Körper hineinreicht, wird durch diese grausame Tradition das sexuelle Erleben der Frauen doch unmöglich gemacht oder zumindest sehr stark eingeschränkt. Statt Lust und Vergnügen bleiben dann nur Schmerzen und eine Vielzahl an Beschwerden – vor allem beim Geschlechtsverkehr und der Geburt.

Religion und Homosexualität

Besonders hart trifft es Menschen, die in stark religiösen Familien aufwachsen, wenn sie ihr Interesse am eigenen Geschlecht entdecken. In den allermeisten Religionen ist – zumindest bei traditioneller Auslegung – gleichgeschlechtliche Liebe (bzw. –Sex) eine Todsünde. Mit etwas Fantasie kann man sich durchaus vorstellen, dass in grauer Vorzeit, wo dem Wachstum von Familie, Sippe oder Clan noch besonders große Bedeutung zukam, eine Verbindung ohne Chance auf Nachkommen als wenig nützlich, ja unerwünscht angesehen und somit verboten wurde. Daher hat man dann beim Verfassen der jeweiligen Märchenbücher solche Verbindungen auch auf die Verbotsliste, des „*großen unsichtbaren Chefs*" gesetzt.

Inzwischen hat sich die Gesellschaft weiterentwickelt, daher wird in den meisten Ländern Homosexualität schon lange nicht mehr als Straftatbestand angesehen und die Diskriminierung von Homosexuellen wird nach und nach ausgerottet – auch wenn dies teilweise noch ein langer, steiniger Weg ist.

Da Homosexualität keine „*Angewohnheit*" ist, die man einfach „*ablegen*" kann, sind auch Bekehrungsversuche zwecklos und

Beten hat noch aus keinem Schwulen einen Hetero gemacht. Ebenso kann man sich mit Homosexualität auch nicht „*anstecken*", nur weil man einem Schwulen zu nahegekommen ist oder von diesem „*verführt*" wurde. Natürlich kann man versuchen seine sexuelle Ausrichtung zu verdrängen und so manche Lesbe hat es sogar mit Heirat und Familiengründung versucht – um dann erst später irgendwann doch ihrer Natur nachzugeben.

Wenn Du ein gläubiger Mensch bist und mit Deiner Sexualität haderst, dann frage Dich doch einfach mal, warum ein „*allmächtiger Gott*" Dich genau SO geschaffen hat, wenn es denn „*Sünde*" ist, Du selbst zu sein?! Versuche nicht, gegen Deine Natur zu leben, denn nach allem, was wir WISSEN, gibt es mit Sicherheit ein Leben VOR dem Tod – ob „*danach*" noch etwas kommt und ob es genau so ist, wie Deine Religion es verspricht, mehr als fraglich. Was ist, wenn eine der über 4.000 anderen Glaubensrichtungen recht hat – oder GAR KEINE?!

> **Vor Deinem Tod zieht Dein komplettes Leben an Dir vorbei – in Echtzeit!**

Es ist Dein Leben und der einzige Mensch, den Du glücklich machen musst, bist Du selbst! Es ist nicht Deine Aufgabe, Deine Eltern glücklich zu machen oder Deinen Pfarrer/ Imam/Rabbi usw. – und erst recht nicht eine Märchengestalt, die sich Menschen vor tausenden Jahren ausgedacht haben, um Erklärungen, Trost – und Macht – zu finden! Solange Du keinem anderen Menschen schadest, brauchst Du kein

schlechtes Gewissen zu haben und kannst stolz und selbst-
bestimmt Dein Leben leben. Sollten Deine Freunde damit
nicht klarkommen, dann suche Dir neue Freunde! Sollte Dich
Deine Familie verstoßen, so denke daran, dass gute Freunde
Familienmitglieder sind, die man sich selbst ausgesucht hat!

Verhütung – kein Problem! Oder?!

Es ist verblüffend wie viele Fragen bei Portalen wie Gutefrage.net und ähnlichen Foren zum Thema Verhütung und *„Bin ich schwanger?"* gestellt werden. Fragt man Jugendliche *„Wer weiß über Verhütung Bescheid?"*, dann gehen zwar meist alle Hände nach oben (und die Augen rollen gleich mit) – aber außer, dass es irgendwo diese *„Kondome"* gibt und Mädchen am besten eine gewisse *„Pille"* nehmen sollten, ist es mit dem Detailwissen meist nicht weit her.

An dieser Stelle noch ein wichtiger Hinweis: Obwohl ich mir bei der Zusammenstellung der Informationen große Mühe gegeben habe, können meine Ausführungen eine sorgfältige Untersuchung und ausgewogene Beratung bei einem Frauenarzt nicht ersetzen. Leider lastet ja die Verantwortung für die allermeisten Verhütungsmethoden hauptsächlich auf den Schultern der Frau, die gleichzeitig die Folgen zu tragen hat, wenn es zu einer Panne kommt. Daher solltest Du nichts überstürzen und einen Arzt, der sich hierbei nur durch eine 0815-Untersuchung hetzt, künftig meiden. Wichtig ist, dass sich der Mediziner genügend Zeit für ein ausführliches Gespräch nimmt, in dem auch Vor- und Nachteile verschiedener Methoden behandelt werden, anstatt nur möglichst schnell ein Pillen-Rezept auszustellen. Nur weil viele die Antibabypille schlucken, ist dies noch lange nicht die optimale Methode für jede (werdende) Frau!

Bevor wir die Vor- und Nachteile der verschiedenen Verhütungsmethoden behandeln, noch ein paar allgemeine Grundlagen zur Zeugung – und zur Verhütung ungewollter Schwangerschaften.

Die erste Regelblutung (Menarche) bekommen Mädchen heute meist im Alter zwischen 10 und 12 Jahren, aufgrund unserer guten Ernährung allerdings zum Teil auch schon vor dem 10. Geburtstag. Ungefähr alle 4 Wochen reift in einem der Eierstöcke (*Ovarien* – Einzahl *Ovar*) des Mädchens eine Eizelle heran und wandert durch die Eileiter in Richtung der Gebärmutter (*Uterus*). Trifft sie in dieser Zeit auf ein Spermium (Samenzelle) des Mannes, dann nistet sie sich in der Gebärmutter ein, die sich hierfür durch Aufbau der Gebärmutterschleimhaut vorbereitet hat und ein Baby kann sich entwickeln.

Kommt es zu keiner erfolgreichen Befruchtung und Einnistung, wird die überflüssig gewordene Schleimhaut zusammen mit Blut und Scheidensekreten über 3-7 Tage ausgestoßen – der Monatsblutung.

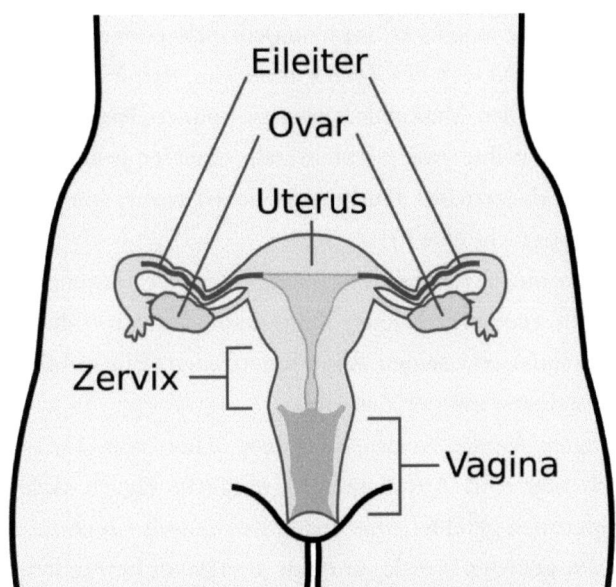

Abb. 1 : Die inneren weiblichen Geschlechtsorgane

Ab der ersten Blutung kann ein Mädchen also schwanger werden – in Ausnahmefällen sogar VOR der ersten Regelblutung, da diese ja eine ungenutzte Chance zur Befruchtung signalisiert, auch wenn es sich bei den ersten Blutungen vieler Mädchen anfangs noch um rein hormonelle Abbruchblutungen handelt. Übrigens: Die jüngste Mutterschaft, welche zweifelsfrei dokumentiert ist, war die bei der Entbindung FÜNF Jahre und sieben Monate alte Lina Medina aus Peru[1].

In jungen Jahren eines Mädchens ist die Periode oft noch recht unregelmäßig und kann sogar gelegentlich ausbleiben oder sich um Wochen verschieben – das ist nicht ungewöhnlich. Für ein Mädchen ist es jetzt wichtig, ein eigenes Körpergefühl zu entwickeln. Beim Eisprung spannen manch-

---

[1] https://de.wikipedia.org/wiki/Lina_Medina

mal die Brüste oder es „*zwickt*" im Unterleib, oder, oder ... . Bei jedem Mädchen fühlt sich der Zyklus anders an, jede Phase hat ihre eigenen speziellen Merkmale. Lerne sie kennen, lerne Dich kennen – Du hast ihn zwar nicht bestellt, aber er gehört ab sofort zu Dir. Ab jetzt bist Du kein Mädchen mehr, sondern (zumindest körperlich) eine Frau!

Mache Dich nicht vorschnell verrückt, wenn die Blutungen nicht pünktlich zum berechneten Zeitpunkt beginnen – auch Dein Körper muss erst seinen Rhythmus finden. Ein stabiler Zyklus stellt sich erst mit der Zeit ein.

Beim Jungen werden meist ab einem Alter von 13/14 Jahren (auch hier sind Abweichungen möglich) täglich viele Millionen Spermien gebildet, von denen theoretisch ein einzelnes Spermium genügen würde, um eine Eizelle zu befruchten und dadurch ein Kind zu zeugen. Um eine ungewollte Schwangerschaft zu verhindern, gibt es hauptsächlich zwei Ansätze: Entweder sicherzustellen, dass die Spermien nicht bis zu der Eizelle vordringen können oder die Einnistung der befruchteten Eizelle in der Gebärmutter verhindern.

Genau genommen ist Geschlechtsverkehr nicht die einzige Möglichkeit, um ein Kind zu zeugen. Gerade Jugendliche, die bislang noch keine Erfahrung mit dem anderen Geschlecht sammeln konnten, tasten sich ja beim ersten Partner verständlicher- und sinnvollerweise nur langsam vor. Man küsst sich, kuschelt, streichelt sich – erst über, später dann auch unter der Kleidung und nach und nach fallen die ersten Kleidungsstücke. Da beim Jungen bei Erregung bereits Präejakulat – die sogenannten „*Lusttropfen*" - austreten kann, und dieses auch meist Spermien enthält, besteht auch bei unvorsichtigem Hantieren eine – wenn auch geringe – Schwangerschaftsgefahr.

Wenn Finger, egal ob seine oder Deine, die sich eben noch an seinem Schwanz befunden haben, im nächsten Moment an Deiner Muschi landen, dann könnten damit bereits Spermien auf den Weg gebracht werden.

Daher dürft ihr bei Euren Sexperimenten auch nicht „*Reinstecken*" spielen – auch nicht „*nur kurz*" oder „*ganz vorsichtig*"! Selbst wenn ihr beschließt die Unterwäsche anzulassen und lediglich „*Trockensex*" betreibt (also aufeinander herumrutscht), dann kann es passieren, dass er spritzt und sein Sperma durch Euer beider Unterwäsche an ihr Ziel gelangt. Wenn ihr noch komplett angezogen seid, ist diese Gefahr zwar deutlich geringer, aber doch zumindest denkbar. Kümmert Euch daher rechtzeitig um Verhütung – damit werden Eure Sexperimente dann deutlich entspannter, selbst wenn ihr noch lange nicht miteinander schlafen wollt!

„*Ich dachte im Auto kann bei Gewitter nichts passieren – aber jetzt bin ich schwanger!*"

Chantal, 16 Jahre

Selbst Analverkehr (obwohl in Schulhof-„*Fachkreisen*" hin und wieder empfohlen) ist keine zuverlässige Verhütungsmethode, da – vor allem in der Doggy-Position – Sperma, welches nach dem Herausziehen seines Schwanzes aus dem After austritt, in die Vagina laufen kann. Analverkehr kann nur dann garantiert nicht zu einer Schwangerschaft führen, wenn die Jungs dabei unter sich bleiben.

Wodurch man übrigens NICHT schwanger werden kann, sind Aktivitäten wie gemeinsames Baden im gleichen Gewässer oder in öffentlichen Schwimmbädern (solange man es nicht im Wasser „treibt"). Spermien sind empfindliche kleine Kerlchen, die im gechlorten Wasser oder an der Luft nicht lange überleben. Getrocknetes Sperma stellt daher ebenfalls keine Gefahr mehr dar. Durch die Wichsflecken von letzter Woche, die noch an seiner Bettwäsche zu finden sind, kannst Du also nicht schwanger werden, nur weil Du nackt auf seinem Bett gesessen hast.

Der Pearl-Index

Die Frage, die vor allem Teenager am meisten bewegt, ist, wie zuverlässig eine Verhütungsmethode ist, denn gerade in jungen Jahren ist eine Schwangerschaft bei den Allerwenigsten Bestandteil der aktuellen Lebensplanung.

Auf Basis der Arbeiten des Biologen Raymond Pearl wurde der sogenannte „Pearl Index" erarbeitet. Dieser Wert gibt an, wie hoch die Wahrscheinlichkeit ist, dass eine Frau schwanger wird, wenn sie ein Jahr lang eine bestimmte Methode zur Empfängnisverhütung nutzt.

Die Fruchtbarkeit ist dabei unter anderem auch vom Alter der Frau abhängig. Bei einer 20-jährigen, die keinerlei Verhütungsmethoden nutzt, beträgt der Pearl-Index 85 – das bedeutet, dass im Durchschnitt von 100 Frauen nach Ablauf eines Jahres 85 schwanger geworden sind (bzw. 850 von 1.000).

Ein Pearl-Index von 0.1 bedeutet, dass von 1.000 Frauen, die diese Methode verwenden, im Schnitt nur eine einzige

Schwangerschaft auftritt, das Schwangerschaftsrisiko also 850x geringer ist. Da sich der Wert stets auf ein JAHR der Anwendung bezieht, bedeutet dieser Wert dann aber noch lange NICHT, dass es statistisch bei jedem Tausendsten Verkehr *„einschlägt"*, sondern wenn ein Durchschnittspaar 2x pro Woche Sex hat und nur eine von tausend Frauen im Verlauf eines Jahres schwanger wird, dann hätten von 100.000 Sex-Akten nur ein einziger zum *„Erfolg"* geführt. Kombiniert man zwei Verhütungsmethoden miteinander – häufig werden beispielsweise Pille und Kondom zusammen genutzt – dann potenziert sich dieser Wert nochmals und liegt dann meist jenseits der Wahrscheinlichkeit für einen Lottogewinn. Einen Artikel mit der Formel zur Berechnung des Pearl-Index sowie einer Tabelle mit den Angaben für zahlreiche Verhütungsmethoden findest Du in Wikipedia.[1]

Zu den zuverlässigsten Methoden dieser Tabelle gehören die Pille, die Kupferkette und die Sterilisation des Mannes – mit jeweils einem Pearl-Index von 0,1 und werden nur von Hormonimplantaten übertroffen. Allerdings ist auch bei Implantaten in Ausnahmefällen eine ungewollte Schwangerschaft möglich – es gibt also keine Verhütungsmethode, die garantiert absolut jedes Risiko einer Schwangerschaft ausschließt. Selbst bei der medizinischen Sterilisation durchtrennte Samenleiter eines Mannes können wieder zusammenwachsen!

Trotzdem sollte man sich nicht verrückt machen und wegen diesem geringen Risiko völlig auf Liebe und Sex verzichten, denn das ganze Leben ist ein Risiko und morgen könntest Du vielleicht schon tot sein – was genauso unwahrscheinlich ist,

---

[1] https://de.wikipedia.org/wiki/Pearl-Index

wie die Chance trotz richtiger Anwendung eines zuverlässigen Verhütungsmittels schwanger zu werden.

> *Ein Leben ohne Liebe und Sex ist zwar möglich – aber sinnlos ...*
>
> *R. Fahren*

Wenn Du Paare im Bekanntenkreis hast, die trotz Verhütung ein Kind bekommen haben, dann solltest Du im Hinterkopf behalten, dass ein *„Die Pille hat versagt - das muss eine Wechselwirkung mit einem anderen Medikament gewesen sein!"* wesentlich besser klingt und hilft das Gesicht zu wahren als ein *„Uns sind die Kondome ausgegangen - wir haben gedacht es wird schon nichts passieren"* oder *„Ich war so betrunken – ich dachte, ER kümmert sich um die Verhütung..."*.

Bei der Ermittlung des Pearl-Index bleiben ja Faktoren wie die Häufigkeit des Geschlechtsverkehrs unberücksichtigt – daher kann man die immer wieder und wieder gestellte Frage *„Ich habe gestern xxxx gemacht – wie wahrscheinlich ist jetzt eine Schwangerschaft?"* nicht mit einem konkreten Prozentwert beantworten.

Enthaltsamkeit

Von religiösen Fundamentalisten wird gerne als einzig *„gottgefällige"* Methode die Enthaltsamkeit empfohlen – also auf Sex generell zu verzichten. In den USA beispielsweise gibt es viele Schulen, in denen die Enthaltsamkeit als einzige Verhütungsmethode gelehrt und empfohlen werden darf. Dass dieses Konzept nicht gegen die Hormone der Pubertierenden und von „*Mutter Natur*" gesteuerten Vermehrungstrieb der Jugendlichen ankommt, kann man an der Statistik ablesen.

In dem Wikipedia-Artikel über „*Mutterschaft Minderjähriger*" zeigt die Statistik für die Schwangerschaftsrate bei Teenagern zwischen 15 und 19 für die USA fast viermal so hohe Werte (39 pro 1000 Mädchen) wie für Deutschland oder Frankreich (jeweils 10/1000). In der Schweiz liegt dieser Wert gar nur bei 4 Teenagerschwangerschaften pro 1000 Mädchen und damit nur bei rund einem Zehntel der amerikanischen Werte.[1]

Das „*Keusch bleiben bis zur Ehe*" ist ein romantischer Ansatz, der schon immer schwer umzusetzen und durchzuhalten war. Auch wenn sich viele Paare vorgenommen haben, noch zu warten, so wird aus Küssen und Kuscheln irgendwann dann doch unversehens „*mehr*" (womöglich spielt Alkohol eine Rolle…) und dann ist man natürlich unvorbereitet, hat keine Verhütungsmittel zur Hand und hofft, dass „*schon nichts passieren wird*" oder verlässt sich auf Aberglauben wie „*Beim ersten Mal kann nichts passieren*" (es kann!), oder „*Wenn sie keinen Orgasmus hat, dann kann sie auch nicht schwanger werden*" (und wie sie kann!).

Kondome

Kondome sind wohl das älteste mechanisch wirkende Verhütungsmittel, das die Menschheit kennt. Schon Giacomo Casanova (1725-1798) soll bei seinen zahlreichen Abenteuern Kondome verwendet haben. Diese hat man anfangs allerdings

---

[1] https://de.wikipedia.org/wiki/Mutterschaft_Minderj%C3%A4hriger

meist aus Tierdärmen hergestellt und waren gegen sexuell übertragbare Krankheiten, wie der damals besonders gefürchteten Syphilis, nur bedingt wirksam.

Heute werden Kondome aus Latex produziert und verhindern – bei richtiger Anwendung – trotz der inzwischen von 2mm auf teils unter 0,05mm (also ein zwanzigstel Millimeter) gesunkenen Wandstärke nicht nur recht zuverlässig Schwangerschaften, sondern schützen gleichzeitig vor vielen sexuell übertragbaren Krankheiten.

Auch als Mädchen kann man Kondome kaufen – alleine schon um den Jungs, die es lieber „*natur*" versuchen möchten und daher ihre Kondome „*vergessen*" haben, aushelfen zu können. Fündig wirst Du in jeder Drogerie und natürlich in Online-Shops.

Wie verwendet man Kondome?

Schwangerschaften, zu denen es trotz dem Gebrauch von Kondomen kommt, entstehen meist durch falsche Anwendung der „*Gummis*". Zunächst einmal gilt es die passende Größe zu wählen, bei der das Kondom optimal sitzt – also einen erigierten Penis weder abschnürt, noch zu locker sitzt, da es sonst beim Verkehr leicht abgestreift wird. Du solltest Dich bezüglich der Größe aber auch nicht verrückt machen, denn in 99,9% der Fälle passt Deinem Freund eine Standardgröße.

Kondome gibt es in allen möglichen Varianten: Transparent, farbig, bunt, nachtleuchtend, geriffelt, genoppt, mit lustigen Aufdrucken und Figuren, feucht, spermizid (also Sperma-abtötend) beschichtet und mit Geschmack (Banane ist anscheinend besonders beliebt).

Mein Tipp: Nimm am besten „*normale*" transparente Kondome, denn ein Schwanz darf ruhig wie ein Schwanz aussehen und nicht wie ein anmontierter Fremdkörper in irgendwelchen Bonbonfarben. Pass' auch mit der Beschichtung auf, denn wenn das Kondom auch beim Blasen verwendet werden soll, dann schützt eine spermizide Beschichtung auch vor längerem Kontakt mit dem Mund. Das Zeugs schmeckt nämlich fürchterlich bitter und wenn er Dich nach dem Verkehr noch (fertig) lecken soll, wird dies wohl ein recht kurzes Vergnügen.

Ähnliches gilt für die „*Geschmackskondome*", die nach Banane, Erdbeere, Schokolade und anderen Leckereien „*duften*". Die verwendeten Aromen riechen und schmecken oft derart penetrant scheußlich-künstlich, dass einem die Lust vergeht. Wenn ihr schon länger miteinander schlaft, dann ist das vielleicht mal ein Gag für zwischendurch – aber bei den ersten Sexperimenten sind solche Aromen eher störend.

Petra übernachtet das erste Mal bei ihrem Freund. Er schlägt vor, die neuen Geschmackskondome auszuprobieren. Er macht das Licht aus und Petra stürzt sich auf sein bestes Stück:

"Geil - schmeckt das lecker - nach Zwiebeln und Käse!"

Da keucht er: "Nun mach mal langsam, ich hab das Ding doch noch gar nicht an!"

Wenn Du es irgendwann geschafft hast, Dich zu überwinden Kondome zu kaufen, dann solltest Du diesen Schatz zunächst einmal richtig lagern. Kondome lose in der Handtasche aufzubewahren kann die Verpackung beschädigen und zum Austrocknen - und damit zur Zerstörung des Kondoms - führen. Verwende daher am besten einen schützenden Behälter (z.B. ein Metalldöschen) für die „*Pariser*". Auch das Handschuhfach im Auto ist aufgrund der extremen Temperaturen im Sommer bzw. Winter keine sichere Aufbewahrung und die Sonne ist ein Feind des Gummis! Kondome, die das aufgedruckte Mindesthaltbarkeitsdatum um mehr als nur ein paar Tage überschritten haben, sollten auch bei optimaler Aufbewahrung nicht mehr verwendet werden, da die Zuverlässigkeit dann nicht mehr gewährleistet ist.

Auch wenn immer wieder die Rede davon ist, dass Kondome „*platzen*", so ist es doch eher ein Reißen, das zur Zerstörung des Materials führt. Die Ursachen hierfür können außer falscher Lagerung auch lange, scharfkantige Fingernägel beim Überziehen sein bzw. ein Gleitmittel oder Medikament, welches das Latex angreift. Verhütungszäpfchen oder Cremes gegen Pilzinfektionen sind Beispiele für Medikamente, mit dem Kondome besser nicht in Kontakt kommen sollten.

Achtet beim Einsatz von Gleitgel unbedingt darauf, keine Mittel auf Öl- oder Fettbasis zu verwenden, und haltet Euch stattdessen an Produkte auf Wasser- oder Silikonbasis. Am besten Du kaufst zusammen mit den Kondomen gleich ein passendes Mittel, wie es von praktisch allen Kondomherstellern vertrieben und ausdrücklich für die Verwendung mit den Gummis empfohlen wird. Dabei ist allerdings nicht Voraussetzung, dass Gleitmittel und Kondom vom gleichen

Hersteller stammen müssen – auch wenn diese natürlich die eigene Produktpalette stets als „*besonders aufeinander abgestimmt*" vermarkten.

Ein Paar, das sich bei seinem „*ersten Mal*" auf Kondome verlassen möchte, sollte den Umgang mit den „*Gummis*" unbedingt vorher einmal üben. Entweder gemeinsam – oder der spätere Träger für sich alleine. Beim ersten Mal mit einem neuen Partner und beim allerersten Mal sowieso, ist die Aufregung groß und daher der Zeitpunkt denkbar ungeeignet, um zum ersten Mal ein Kondom aus der Verpackung zu fummeln, die Anleitung zu studieren und das Überziehen zu praktizieren!

Empfehlenswert ist daher, vorher schon einmal in aller Ruhe ein Kondom auszupacken und überzustreifen. Normalerweise liegt jeder Packung eine Anleitung bei, aber die wichtigsten Handgriffe sind auch schnell erklärt: Das Kondom muss auf den steifen Penis aufgezogen werden. Dazu drückt man das Reservoir (den Nippel in der Mitte) zusammen, damit dort keine Luftblase entsteht, zieht (soweit vorhanden) die Vorhaut zurück, legt das Kondom auf der Eichel auf und rollt es dann über den Penisschaft ab. Schau Dir vorher das Kondom aus der Nähe an, dass Du es dazu auch richtig herum gedreht hast, sonst lässt es sich nicht abrollen!

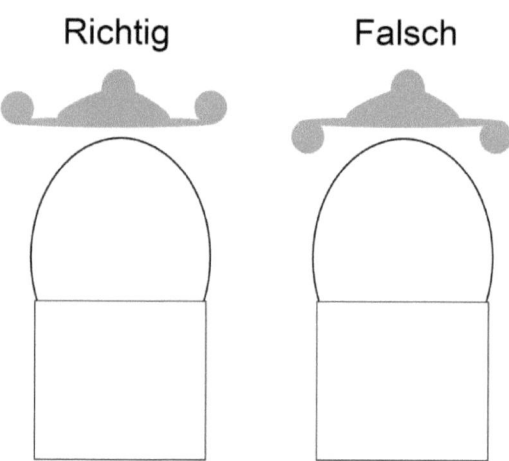

Abb. 2 : Kondom richtig abrollen

Solltest Du in irgendwelchen Filmen den Eindruck gewonnen haben, dass es Aufgabe der Frau sei das Kondom mit dem Mund überzuziehen, dann ist das zwar originell und einige Frauen beherrschen diese Kunst tatsächlich – aber das solltet Ihr Euch für später einmal aufheben!

Wenn Du unbedingt Gleitmittel in Verbindung mit Kondomen verwenden möchtest, dann solltest Du dieses keinesfalls VOR dem Überziehen des Kondoms auf den Penis auftragen, da das Gummi sonst umso leichter abrutscht. Wenn überhaupt, dann muss das Gleitmittel natürlich <u>außen</u> auf das Kondom!

WICHTIG: Glaubt bitte nicht, dass „*Doppelt hält besser*" auch bei Kondomen gilt! Wenn ihr zwei Kondome übereinander zieht, dann schützt dies nicht doppelt so sicher vor Schwangerschaft – im Gegenteil: Durch die Reibung zwischen den Kondomen reißen diese nur umso leichter!

Außer dem Reißen des Kondoms gibt es noch die Gefahr des Abstreifens. Gerade wenn das Kondom zu groß ist oder der Schwanz zwischendurch mal an Härte verliert, kann es passieren, dass das Kondom abgestreift, dann immer weiter in die Scheide gestoßen und schließlich als *„verschwunden"* gemeldet wird. Daher ist es sinnvoll zwischendurch ggf. hin und wieder nach dem Sitz den Gummis zu schauen oder zu fühlen. Nach dem Erguss ist es wichtig, das Gummi beim Rausziehen festzuhalten, damit das gefüllte Kondom nicht in der Scheide zurückbleibt!

Antibabypille

Das wohl am häufigsten eingesetzte Verhütungsmittel ist in unseren Breiten die Antibabypille – kurz *„Pille"* genannt. Das Wirkungsprinzip der Pille ist dabei, dass durch die enthaltenen Hormone Östrogen und Gestagen dem weiblichen Körper eine bestehende Schwangerschaft vorgegaukelt wird. Da der Organismus einer Frau darauf ausgelegt ist immer nur ein Kind gleichzeitig auszutragen, verhindern verschiedene Mechanismen, dass es zu einer weiteren Befruchtung kommt, wenn bereits eine Schwangerschaft besteht – oder simuliert wird. Vor allem wird auf diesem Wege die Reifung einer Eizelle unterdrückt, was eine Schwangerschaft wirksam verhindert.

Nach 21 Tagen wird üblicherweise die Hormonzufuhr unterbrochen, indem entweder eine 7-tägige Pause eingelegt und die Einnahme danach mit einer neuen Packung fortgesetzt wird, oder der Blister enthält 7 zusätzliche Tabletten ohne Wirkstoff, damit die tägliche Gewohnheit der Einnahme nicht unterbrochen und versehentlich falsch fortgesetzt wird. In dieser Pause kommt es zu einer Abbruchblutung – also keiner „*richtigen*" Regelblutung, weshalb die „*Pille*" auch manchmal zur Linderung von Menstruationsbeschwerden verschrieben wird.

Manche Frauen – mit oder ohne Rücksprache mit ihrem Arzt – nehmen die Pille „*durch*" – d.h. sie machen keine Pause bei der Einnahme und bekommen daher auch keine Abbruchblutung. Für den üblichen 21/7-Zyklus gibt es keinen medizinischen Grund und bei der Markteinführung der Pille sollte dieser, dem gewohnten Zyklus nachempfundene Rhythmus, die Natürlichkeit des Medikaments unterstreichen. Viele Ärzte empfehlen 3-5 Blister nacheinander einzunehmen und erst dann eine 7-tägige Pause einzulegen.[1]

Im Vergleich zu den ursprünglichen Antibabypillen auf dem Markt, die in den 60er Jahren erstmals erhältlich waren, kommen heutige Präparate mit einem Bruchteil an Hormonen aus, was die Nebenwirkungen deutlich mindert. Umso wichtiger ist andererseits eine zuverlässige, tägliche Einnahme. Die sogenannte „*Minipille*" enthält kein Östrogen und wirkt im Wesentlichen über die Verdickung des Schleims, der den Muttermund für Spermien unpassierbar macht. Zusätzlich wird durch eine Veränderung der Oberfläche das Einnisten einer Eizelle in der Gebärmutterschleimhaut nahezu unmöglich gemacht. Moderne Minipillen unterdrücken zudem den Eisprung. Um die Wirksamkeit der Minipille zu gewährleisten muss diese allerdings zuverlässig in einem 24-Stunden-Rhythmus eingenommen werden. Bereits eine Abweichung von mehr als 3 Stunden bei der Einnahme kann den Empfängnis-

---

[1] https://www.dred.com/de/pille-durchnehmen.html

schutz gefährden, da dann der notwendige Hormonspiegel zu weit absinkt.

Die Antibabypille muss durch einen Arzt verschrieben werden, damit dieser das am besten geeignete Produkt ermitteln kann. Hier lohnt es sich genügend Zeit mitzubringen und alle Fragen zu stellen, die man auf dem Herzen hat. Vor allem sollte man sich über mögliche Nebenwirkungen erkundigen, welche Störfaktoren es für die Zuverlässigkeit der Verhütung gibt und wie mit ihnen umzugehen ist. Was zu tun ist, wenn eine Pille vergessen wurde bzw. verloren geht (in den Abfluss fällt, erbrochen wird, starker Durchfall auftritt usw.) und welche Medikamente die Wirksamkeit einschränken können, sollte man schon wissen, bevor der Ernstfall eintritt.

Obwohl die Pille in Deutschland gesetzlich versicherte Frauen bis zu ihrem 20. Geburtstag gratis erhalten, sollte eine Frau es sich und dem Frauenarzt nicht zu einfach machen und auch nach hormonfreien Verhütungsmethoden wie der Kupferkette fragen. Die Pille kann eine Reihe von Nebenwirkungen haben, wie Übelkeit, Erbrechen, Gewichtszunahme, Migräne, Spannungsgefühlen in den Brüsten, Stimmungsveränderungen und zur Absenkung der Libido führen. In seltenen Fällen können schwerere Nebenwirkungen wie Bluthochdruck, Thrombosen oder Störungen der Leberfunktion auftreten.

Dass die Pille die Libido – also die Lust auf Sex dämpft – ist leicht nachzuvollziehen. Da die Antibabypille dem weiblichen Körper ja das Bestehen einer Schwangerschaft vortäuscht, sieht „*Mutter Natur*" keinen Grund die Frau zur körperlichen Vereinigung zu verleiten, da sie ja glaubt ihr Ziel (die Schwangerschaft) bereits erreicht zu haben. Viele Paare wundern sich, warum ihr Sexleben „*einschläft*" und die Frau immer seltener Lust auf Sex hat. Da dies ein schleichender Prozess ist und sich unmerklich langsam einstellt, sehen die betroffenen Frauen nicht unbedingt einen Zusammenhang und schieben es auf Stress, Müdigkeit, Gewohnheit und so weiter ...

Meine Frau und ich haben jahrzehntelang mit verschiedenen Marken der Pille verhütet, aber seit meine Gattin keine Hormone mehr schluckt, ist sie wie ausgewechselt. Wir sind uns einig, dass wir NIE WIEDER mit Hormonen verhüten würden, da diese zu viele Veränderungen der Persönlichkeit mit sich bringen. Natürlich berichten die meisten Frauen, sie seien mit der Pille zufrieden und spürten auch keine Nebenwirkungen und Spaß machen würde der Sex auch noch – aber da ihnen ja in der Regel der Vergleich fehlt, wie es ihnen denn „ohne" ginge, ist dieses Urteil kaum aussagekräftig.

Die Antibabypille ist also relativ bequem – man braucht nur einmal pro Tag eine kleine Pille zu schlucken und muss sich dann keine Sorgen mehr um Verhütung zu machen. Übervorsichtige Paare nutzen zwar zusätzlich Kondome und verfallen ihn Panik, falls es hierbei mal zu einem Unfall kommt, aber da die Pille alleine als Verhütungsmethode vollkommen ausreicht, ist diese Panik fehl am Platz. In einer monogamen Partnerschaft, bei der die Partner (falls es überhaupt ein sexuelles Vorleben gibt) ggf. auf Geschlechtskrankheiten untersucht sind, greift auch das häufig vorgebrachte Argument der Kondome als Ansteckungsschutz nicht. Bei flüchtigen Bekanntschaften oder einem One-Night-Stand sieht das natürlich anders aus – hier kann die Pille zwar eine Schwangerschaft recht zuverlässig verhüten – vor der Ansteckung mit mikrobiologischen Souvenirs schützt sie allerdings nicht ...

Die Pille funktioniert – wie gesagt - freilich nur dann, wenn sie auch immer zuverlässig eingenommen wird, also täglich ungefähr zur selben Uhrzeit. Auch wenn gerade Party, Karneval, Urlaub oder sonst irgendein Lebensereignis Deinen geregelten Tagesablauf durcheinanderbringt. Dabei ist es nicht nur wichtig, dass die Pille geschluckt wird, sondern auch, dass sie lange genug im Körper verbleibt, damit die Wirkstoffe von diesem aufgenommen werden. Ein Erbrechen bald nach der Einnahme oder starker Durchfall können daher dazu führen, dass die Pille ihre Wirkung nicht entfalten kann. In der Packungsbeilage steht, innerhalb von welchem Zeitraum die ggf. *„verlorene"* Pille nachzuholen ist und wie dies geschieht (meist mit der für den nächsten Tag vorgesehenen Dosis). Hierzu die beste Freundin oder das Internet zu befragen ist wenig sinnvoll, da sich die Angaben von Produkt zu Produkt unterscheiden.

Vorsicht auch, wenn andere Medikamente eingenommen werden. Hier sollte man unbedingt mit dem Arzt abklären, ob diese eine Gefahr für die Wirksamkeit der Pille darstellen! So stehen beispielsweise Johanniskraut und bestimmte Antibiotika im Verdacht die Verhütung einzuschränken. Im Zweifelsfall sollte parallel (z.B. mit Kondomen) verhütet werden!

Hormonimplantat

Ein Hormonimplantat ist ein Kunststoffstäbchen, welches unter der Haut (meist am Oberarm) platziert wird und kontinuierlich in winzigen Dosen Hormone abgibt, die – ganz ähnlich der Pille – eine Schwangerschaft verhüten. Da es keine Hormonpause gibt, erfolgt auch keine regelmäßige Abbruchblutung, die meisten Frauen haben — wenn überhaupt — nur schwache Blutungen an 1-2 Tagen pro Quartal.

Das Implantat ist dabei meist für eine Wirkdauer von 3-5 Jahren ausgelegt. Ist bereits vorher eine Schwangerschaft erwünscht, dann kann der Arzt das Stäbchen auch früher entfernen. Die zu erwartenden Nebenwirkungen lesen sich ähnlich wie bei der Pille: Sehr häufig treten Akne, Kopfschmerzen, Gewichtszunahme, Spannung und Schmerzen in den Brüsten, vaginale Infektionen und unregelmäßige Blutungen auf. Häufig sind Stimmungsschwankungen, depressive Verstimmungen, Nervosität, Verminderung des Geschlechtstriebes, Schwindel, Appetitverlust, Bauchschmerzen, Übelkeit, Blähungen, Haarausfall, schmerzhafte Monatsblutungen, kleine flüssigkeitsgefüllte Bläschen in den Eierstöcken (= Zysten), grippeartige Beschwerden, Hitzewallungen, Gewichtsabnahme, Schmerzen, Ermüdung und Reaktionen an der Implantationsstelle. Auch das Hormonimplantat wird von Frauen bis 20 von der gesetzlichen Krankenkasse übernommen.[1]

Die Vorteile dieser Verhütungsform sind zunächst einmal die sicherere Anwendung, da man keine tägliche Dosis einnehmen muss, die man vergessen oder vorzeitig ausscheiden könnte. Das Ausbleiben einer monatlichen Blutung schätzen ebenfalls viele Frauen. Trotzdem kann es auch bei Implantaten, deren Pearl-Index noch unter dem der Pille liegt (also sicherer ist) zu Versagen kommen — unter anderem durch die Wechselwirkungen mit Medikamenten wie z.B. Breitbandantibiotika oder Johanniskraut.

---

[1] https://de.wikipedia.org/wiki/Etonogestrel-Implantat

Verhütungsring

Der Verhütungsring oder auch Vaginalring bzw. Monatsring genannt, ist ebenfalls ein hormonelles Verhütungsmittel. In Deutschland werden Verhütungsringe unter dem Markennamen „NuvaRing" und „Circlet" vertrieben. Die Hormone werden dabei von einem Kunststoffring abgegeben, der ähnlich wie ein Tampon in die Vagina eingeführt wird und dort für 21 Tage verbleibt. Anschließend wird er für eine siebentägige Pause entfernt, während der es zu einer Abbruchblutung kommt.

Wenn der Ring stört – zum Beispiel beim Geschlechtsverkehr – kann er ohne Beeinträchtigung der Wirksamkeit für bis zu 3 Stunden entfernt werden.

Der Verhütungsring ist fast so sicher wie die „Pille", weist aber ein geringeres Risiko täglicher Einnahmefehler auf. Er kann nicht jeden Tag aufs Neue vergessen oder zu spät eingenommen werden. Erbrechen und Durchfall beeinträchtigen die Wirkung nicht, allerdings treten die gleichen Wirkungsverluste durch stoffwechselanregende Medikamente (Antibiotika) wie bei der Pille auf. Der Hormonspiegel im Blut ist geringer und gleichmäßiger als beim Verhütungspflaster oder der Pille.

Wie bei allen hormonellen Verhütungsmethoden können beim Verhütungsring verschiedene Nebenwirkungen auftreten. Häufig sind z. B. Kopfschmerzen, Bauchschmerzen, Unlust auf Sex (verminderte oder gestörte Libido), Übelkeit, Brustspannungen und -verhärtungen, Wassereinlagerungen, Gewichtszunahme, Scheidenentzündungen, Stimmungsschwankungen, Akne und schmerzhafte Regelblutungen. Der Ring kann in wenigen Fällen als unangenehmer Fremdkörper empfunden werden. Wochentag und Tageszeit sollen beim Einlegen und Entfernen des Ringes mit Disziplin eingehalten werden. Der feste Sitz des Ringes muss regelmäßig überprüft werden. Frauen mit weiten Scheidenverhältnissen, beispielsweise kurz nach der Geburt, haben ein erhöhtes Risiko, den Vaginalring und damit auch die empfängnisverhütende Wirkung unbemerkt zu verlieren. Er kann dann beim achtlosen Herausziehen des Tampons in die Toilette fallen. In seltenen Fällen kann er brechen. Der Ring ist im Vergleich mit Pille und Kondom teurer.

Spirale

Die Verwendung von Intrauterinpessaren (IUP) ist aktuell weltweit die häufigste reversible (also umkehrbare) Methode zur Geburtenkontrolle. Dabei ist die Spiralform der heutzutage meist aus einer Kombination aus Kunststoff und Kupferdraht gefertigten Gebilde nur eine Erscheinungsform. Die meisten Intrauterinpessare haben die Form eines T, können aber auch wie eine 7 geformt sein.

Eine wesentliche Unterscheidung bei Spiralen ist, ob diese mit einem Hormondepot versehen ist, welches ähnlich wie bei einem Hormonimplantat kontinuierlich Hormone an den Körper abgibt, oder ob die Verhütung alleine auf der mechanischen Reizung und der Wirkung der Kupfer-Ionen beruht.

Alle Intrauterinpessare müssen grundsätzlich von einem entsprechend ausgebildeten Arzt eingesetzt werden. Die korrekte Lage, die für einen zuverlässigen Empfängnisschutz

Voraussetzung ist, wird dabei über Ultraschall überwacht. Wie bei fast allen anderen Verhütungsmethoden wird auch bei der Spirale üblicherweise eine halbjährliche Kontrolluntersuchung empfohlen.

Der größte Vorteil ist, dass sich die Frau, nachdem die Spirale erst einmal eingesetzt ist, für die nächsten drei bis fünf Jahre keine Gedanken mehr um die Verhütung machen muss. Es gibt keine regelmäßigen Hormondosen, die man vergessen oder vorzeitig ausscheiden kann und bei den hormonfreien Varianten der Spirale gibt es auch keinen negativen Einfluss auf die Psyche und Libido der Trägerin.

Kupferspirale

Seit den 70er Jahren kennt man die empfängnisverhütende Wirkung von Kupfer, weshalb heute in fast allen Spiralen, die ohne Hormone arbeiten, Kupfer - oft in Verbindung mit einer geringen Menge Gold - enthalten ist.

Die *„klassische"* Kupferspirale besteht dabei aus einem Kunststoffträger von 2,5 bis 3,5 Zentimetern Länge – meist in T-Form – der mit feinem Kupferdraht umwickelt ist. Am Ende sind Rückholfäden befestigt, die ca. 1-2cm aus der Gebärmutter herausragen und daher von der Frau auch tastbar sind, um sich ggf. vom Vorhandensein der Spirale überzeugen zu können.

In Notfällen kann eine Spirale übrigens bis zu 5 Tagen nach ungeschütztem Geschlechtsverkehr – quasi als *„Spirale danach"* eingesetzt werden – also sogar, wenn das 3-Tages-Fenster der *„Pille danach"* bereits geschlossen ist.

Je nach Hersteller beträgt die Liegedauer 3-5 Jahre, eine halbjährliche Kontrolle wird jedoch empfohlen. Die Kosten werden für Frauen bis 20 von der gesetzlichen Krankenkasse übernommen. Besteht vor Ablauf dieser Zeit Kinderwunsch, so kann die Spirale jederzeit entfernt werden und ab dem nächsten Zyklus ist die Frau dann wieder fruchtbar.

Auch bei einer Kupferspirale sind Nebenwirkungen möglich[1]: Frauen, die eine Spirale tragen, haben gegenüber Frauen ohne Spirale im ersten Monat ein um den Faktor 8 erhöhtes Infektionsrisiko. In den ersten vier Monaten nach Einlage ist das Risiko um den Faktor 4 erhöht. Danach besteht in einem Zeitraum bis zu acht Jahren kein erhöhtes Infektionsrisiko mehr. Bei einer auftretenden Infektion sollte die Spirale in jedem Fall entfernt werden.

Das Risiko für Gebärmutterhalskrebs ist nach einer großen Studie nicht erhöht, sondern verringert. Die von veralteten kupferfreien Spiralen bekannte Erhöhung einer Wahrscheinlichkeit von Eileiterschwangerschaften ist bei der Kupferspirale deutlich geringer, da das Wirkprinzip auch extrauterine Schwangerschaften relativ sicher verhindert. Blutungsstörungen, üblicherweise in Form einer stärkeren Menstruation, und verstärkte Menstruationsbeschwerden treten als Nebenwirkungen häufig auf. In den ersten zwei bis drei Monaten ist das Risiko einer Ausstoßung der Intrauterinpessare erhöht. Beim Einsetzen der Spirale kann in seltenen Fällen die Gebärmutterwand durchstoßen werden. Das Risiko ist bei einer Einlage kurz nach einer Geburt erhöht.

---

[1] https://de.wikipedia.org/wiki/Intrauterinpessar

Die Rückholfäden können in die Gebärmutter hochschlagen, so dass eine Entfernung meist einen operativen Eingriff (Hysteroskopie) erfordert.

Kupferkette

Eine relativ neue Form der Verhütung auf Basis von Kupfer in der Gebärmutter ist die unter dem Markennamen GyneFix vertriebene Kupferkette.

Das Kupfer wird dabei nicht auf einen Kunststoffträger aufgebracht, sondern in Form von Kupferringen auf einen Faden aufgereiht, der an der Gebärmutterwand verankert wird. Da die Anzahl der Kupferperlen flexibel an die Größe der Gebärmutter angepasst werden kann, sind diese auch als *„rahmenlose Intrauterinpessare"* bezeichneten IUPs gut für jüngere Frauen geeignet.

Das Einsetzen ist durch die notwendige Verankerung zwar deutlich aufwändiger als bei einer normalen Spirale und auch die Kosten (zwischen 180 und 400 € alle 5 Jahre) müssen derzeit selbst getragen werden. Dafür bescheinigt der Hersteller der Kupferkette einen besseren Schutz vor Schwangerschaft im Vergleich zur herkömmlichen Kupferspirale. Bei der Zuverlässigkeit und der Häufigkeit von Komplikationen beim Einsetzen spielt die Erfahrung des Arztes eine große Rolle. Da nicht alle Frauenärzte darin geübt sind, sollte man sich bei dem Wunsch mit Kupferkette zu verhüten nicht vorschnell abwimmeln und auf die (für den Frauenarzt) bequeme Pille verweisen lassen. Beim Hersteller ist eine Liste mit erfahrenen Ärzten im Internet abrufbar.

Die Nebenwirkungen liegen hauptsächlich rund um das Einsetzen der Kupferkette[1]: Wie auch bei den verschiedenen Spiralen besteht das Risiko aufsteigender Infektionen, denn das Fadenende der Kupferkette liegt in der Scheide und kann Keimen als Übertragungsweg dienen. Das Infektionsrisiko ist bei wechselnden Sexualpartnern erhöht. Außerdem können - wie bei der Kupferspirale - Schmerzen und verstärkte Monatsblutungen auftreten. Verständlicherweise kann die Kupferkette bei einer Kupferunverträglichkeit oder -allergie nicht genutzt werden. Ob eine Allergie gegen Kupfer besteht, sollte man daher vorher abklären.

Kupferperlenball

Die Wirkungsweise des Kupferperlenballs ist dem der Kupferkette recht ähnlich und wird für Mädchen ab ca. 15 Jahren empfohlen. Der Unterschied liegt vor allem darin, dass nichts in der Gebärmutterwand verankert werden muss, da sich die Drahtkugel alleine durch ihre Form in der Gebärmutter hält. Wenn man sich vergewissern möchte, dass diese noch vorhanden ist, braucht man nur nach den dünnen Rückholfäden zu tasten.

Der Kupferperlenball wird durch eine dünne Röhre in die Gebärmutter geschoben und entfaltet sich dort dank des verwendeten Memorymetalls wieder in seine ursprüngliche Kugelform. Auf dieser Drahtkugel sind Kupferperlen aufgereiht, die für die gewünschte empfängnisverhütende Wirkung sorgen.

1

http://www.familienplanung.de/verhuetung/verhuetungsmethoden/kupferkette

Die möglichen Nebenwirkungen und Zuverlässigkeit entsprechen weitestgehend der Kupferkette.

Ebenso gilt auch hier, dass nicht jeder Arzt diese moderne Methode im Portfolio hat und man zur Beratung daher einen Arzt befragen sollte, der den Kupferperlenball überhaupt legen kann. Ansonsten landet man dann doch Ruckzuck wieder bei der hormonellen Verhütung und darf dann so lange verschiedene Pillenmarken ausprobieren, bis man sich an deren Nebenwirkungen gewöhnt hat …

Hormonspirale

Die erste Hormonspirale ist in Deutschland seit 1996 zur Verhütung und zur Behandlung starker Regelblutungen zugelassen. Seit 2013 ist Europa ein weiteres kleineres System mit etwas geringerer Abgabe des Hormons Gestagen erhältlich, welches jedoch ausschließlich zur Verhütung zugelassen ist.

Die Nebenwirkungen, mit denen beim Einsatz der Hormonspirale zu rechnen ist, ähneln denen anderer hormoneller Verhütungsmethoden: Sehr häufige Nebenwirkungen sind Kopfschmerzen, Bauchschmerzen, Schmerzen im Becken, Veränderung des Blutungsmusters: Verstärkte Blutung, zu seltene Monatsblutungen, verminderte Blutung, Ausbleiben der Monatsblutung, Schmierblutungen, Entzündung der Scheide und des äußeren Genitals, Ausfluss aus der Scheide.

Häufige Nebenwirkungen: depressive Stimmung, Depression, Migräne, Übelkeit, Nervosität, verringerter Geschlechtstrieb (Libido), Akne, übermäßiger Haarwuchs mit männlichem Verteilungsmuster, Rückenschmerzen, Eierstockzysten, schmerzhafte Monatsblutung, Brustschmerzen, Brustspannen, Ausstoßung (Expulsion) der Hormonspirale, Gewichtszunahme

Gelegentliche Nebenwirkungen: Blähungen, Haarausfall, Juckreiz, Ekzeme, Verfärbung der Haut, verstärkte Pigmentierung der Haut, Entzündungen im Beckenbereich, Entzündungen der Schleimhaut des Gebärmutterhalses und der Gebärmutter, Wassereinlagerungen im Gewebe (Ödeme).

2009 warnte das Ärzteblatt vor psychiatrischen Nebenwirkungen der Hormonspirale wie Panikattacken, Angstgefühle, Stimmungsschwankungen, Schlafstörungen und Unruhe.

Laut Beipackzettel der Hormonspirale Mirena ist diese für Frauen, die noch nicht geboren haben, nicht als die Methode der ersten Wahl anzusehen. Wenn Du also erst noch am Anfang Deiner Reise in die Welt der sexuellen Erfahrungen bist, dann solltest Du vorerst auf die Hormonspirale verzichten. Laut einer britischen Untersuchung von 2007 ließen sich fast die Hälfte der Teilnehmerinnen die Hormonspirale wegen der Nebenwirkungen vorzeitig entfernen. Eine britische Studie zu Jaydess (einer anderen Marke) kommt zu einem ähnlichen Ergebnis. Dort hielten nur 57 % der Anwenderinnen die vollen drei Jahre durch.

Dreimonatsspritze

Die relativ hohen Hormondosen, die – wie der Name sagt – alle drei Monate wiederholt werden muss, lösen bei den meisten Frauen besonders viele und starke Nebenwirkungen aus. Daher wird diese Verhütungsmethode normalerweise auch nur dann eingesetzt, wenn aufgrund bestehender Erkrankungen oder Unverträglichkeiten andere Methoden nicht in Frage kommen.

Eine Anwendung für mehr als 2 Jahre wird ohnehin nicht empfohlen.[1]

Verhütungspflaster

Auch das Hormonpflaster beruht auf der langsamen Abgabe von Hormonen an den Körper der Frau. Es wird jeweils eine Woche lang getragen und dann gewechselt. Dabei kann das Pflaster an nahezu jeder Stelle des Körpers angebracht werden – z.B. Schulter, Rücken oder Po. Nach 3 Wochen folgt eine pflasterfreie Woche, in der es normalerweise zu einer Abbruchblutung kommt, vergleichbar mit der Pille.

Da die Hormone über die Haut aufgenommen werden, sind die Nebenwirkungen meist geringer als bei oraler Einnahme, können aber in ähnlicher Form wie bei anderen hormonbasierten Verhütungsformen auftreten. Die Kosten betragen ca. 40 € pro Quartal und werden derzeit nicht von den Krankenkassen übernommen.[2]

Barriere-Methoden für die Frau

Die klassische Barriere-Methode für den Mann ist das Kondom. Bei den Varianten dieser Verhütungsform geht es stets

---

[1]

http://www.familienplanung.de/verhuetung/verhuetungsmethod en/weitere-hormonelle-methoden/dreimonatsspritze/

[2]

http://www.familienplanung.de/verhuetung/verhuetungsmethod en/weitere-hormonelle-methoden/verhuetungspflaster/

darum eine Barriere zu errichten, die verhindern soll, dass Spermien in die Gebärmutter vordringen und zur Befruchtung führen können.[1]

Für die Frau ist das Diaphragma die wohl bekannteste Barriere. Dieser Kappe, die aus einem flexiblen, mit Silikon überspannten Ring besteht, wird mit einem spermienabtötenden Gel bestrichen und dann über den Muttermund gestülpt. Hierzu ist einige Übung erforderlich und das Liebesspiel muss ggf. unterbrochen werden, um dies zu erledigen.

Der Vorteil ist, dass keine Hormone den Körper der Frau durcheinanderbringen, im Gegensatz zum Kondom wird jedoch eine Ansteckung mit Geschlechtskrankheiten nicht verhindert. Darüber hinaus liegt der Pearl-Index rund 10x höher als bei Kupferkette oder Pille – d.h. eine Schwangerschaft ist 10x wahrscheinlicher.

Verhütungszäpfchen

Verhütungszäpfchen werden ca. 10 Minuten vor dem Verkehr in die Scheide eingeführt und bilden dort einen spermiziden Schaum, der die Spermien abtöten und das Eindringen in die Gebärmutter verhindern soll. Die Wirksamkeit, die nur auf einen einzigen Samenerguss ausgerichtet ist, beträgt dann rund zwei Stunden. Die Zuverlässigkeit ist allerdings derart gering, dass die Zäpfchen unbedingt mit einer weiteren Methode kombiniert werden sollten – zum Beispiel Kondomen.

Vorteilhaft ist, dass die Verhütungszäpfchen rezeptfrei (auf eigene Kosten) in jeder Apotheke erhältlich sind und keine

---

[1]

http://www.familienplanung.de/verhuetung/verhuetungsm ethoden/diaphragma-co/verhuetung-barrieremethoden/

Hormone mit ihren Nebenwirkungen eingesetzt werden. Vor allen Frauen, die nur gelegentlich Verkehr haben, nutzen diese Zäpfchen gerne.

Zu den Nachteilen gehört allerdings neben der notwendigen Unterbrechung des Liebesspiels und der anschließenden Wartezeit, dass Verhütungszäpfchen höchst unangenehm schmecken und das Lecken kurz vor bzw. nach dem Verkehr praktisch unmöglich machen.

Coitus Interuptus – das „Aufpassen"

Das *„Aufpassen"* – also das *„rechtzeitige Herausziehen"* vor dem Erguss ist genau genommen keine Verhütungsmethode, sondern vielmehr ein Glücksspiel! Von 100 Frauen, die sich alleine darauf verlassen, dass der Partner *„Aufpasst"*, sind nach einem Jahr (je nach Alter und damit Fruchtbarkeit) 4 bis 30 schwanger.

Dies hängt unter anderem damit zusammen, dass bereits das Präejakulat – die sogenannten *„Lusttropfen"* lebende Spermien enthalten kann. Daher ist bereits ein *„nur mal kurz Reinstecken"* gefährlich und mit dem Risiko einer erfolgreichen Befruchtung behaftet. Darüber hinaus ist es ein enormer Akt der Selbstbeherrschung, wenn ein Mann auf dem Höhepunkt seiner Lust unterbrechen soll, was daher dann auch gerne mal schiefgeht, weil er *„im Eifer des Gefechts"* dann doch der Natur ihren Lauf lässt.

Die ständige Unsicherheit, ob er sich nicht doch hinreißen lässt und in ihr kommt, ist für eine Frau nicht gerade hilfreich, um sich zu entspannen, fallen zu lassen und den Sex zu genießen. Die unbewusste Anspannung in der Scheidenmuskulatur führt dann dazu, dass sie sich nicht wirklich öffnet und statt Lust und Leidenschaft nur Schmerzen und Angst verspürt.

Wenn Euch das Kondom alleine zu unsicher ist, dann kann man natürlich parallel aufpassen und den Penis vor dem Erguss herausziehen – aber schöner ist das Liebesspiel selbstverständlich ohne dieses unromantische Ende. Wer glaubt, dass es besonders befriedigend sei, auf Bauch, Rücken oder Po der Geliebten zu spritzen, der hat sein „*Wissen*" vermutlich aus Pornofilmen, wo die sichtbare Ejakulation auf den Körper der Gespielin als Stilmittel dient, um mit diesem Schlüsselreiz den männlichen Zuschauer beim Masturbieren ebenfalls zum Abspritzen zu bewegen.

Sonstige Methoden

Bei der Aufzählung der üblichen Verhütungsmethoden habe ich mich auf gebräuchliche und wirksame Techniken beschränkt. Auf einschlägigen Webseiten sind noch die eine oder andere weitere Methode zu finden, die aber oft nur Abwandlungen der bereits Genannten darstellen. Trotzdem sollen noch ein paar weitere Verfahren nicht unerwähnt bleiben – und sei es nur zur Warnung ...

Spezielle gymnastische Übungen, Ausspülen mit Cola, heiße Duschen und ähnliche „*Hausmittel*" bleiben in der Regel völlig wirkungslos und können eine ungewollte Schwangerschaft nicht verhindern. Wenn ihr keine „*richtige*" Verhütung genutzt habt, dann lest Euch wenigstens die Abschnitte über die „*Pille danach*" durch, bevor es zu spät ist!

„Natürliche" Verhütung

Ein völlig anderer Ansatz der Schwangerschaftsverhütung beruht auf der Tatsache, dass einer Frau nur während bestimmter Phasen ihres Zyklus fruchtbar ist. Hat man nur an den unfruchtbaren Tagen Sex, dann ist eine Schwangerschaft praktisch ausgeschlossen. Um diese *„ungefährlichen"* Tage zu bestimmen gibt es verschiedene Methoden. Beispielsweise ändert sich die Beschaffenheit des Cervix-Schleims – also des Sekretes am Muttermund, die Körpertemperatur schwankt leicht und auch an der Hormonkonzentration des Blutes lässt sich der Zyklusverlauf nachvollziehen. Bei der Kalendermethode verlässt man sich völlig auf die Gleichmäßigkeit der Regel und rechnet die fruchtbaren Tage einfach aus, nimmt ein paar Tage Sicherheitsabstand dazu (Spermien können mehrere Tage im weiblichen Körper überleben) und benennt so die *„sicheren Tage"*.

Von religiösen Fundamentalisten und Öko-Romantikern werden solche Methoden manchmal als einzig wahre, da *„natürliche"* und *„gottgefällige"* Verhütungsmethode propagiert. Aber gerade für junge Mädchen, bei denen der Zyklus noch nicht regelmäßig ist und eine Partynacht oder eine frische Liebe die Körpertemperatur (die eigentlich immer zur selben Uhrzeit unter den gleichen Bedingungen gemessen werden muss – am besten morgens vor dem Aufstehen) zum Schwanken bringt, sind derartige Verhütungsmethoden völlig ungeeignet. Abgesehen davon halten frisch Verliebte, wenn sie die Freuden der körperlichen Liebe erst einmal für sich entdeckt haben, es oft gar nicht aus bis zu den *„sicheren"* Tagen zu warten, um dann wieder eine längere Zwangspause einzulegen.

Im Kinoerfolg „*Jurassic Park*" wird der Satz gebraucht „*Die Natur findet einen Weg*", als das Konzept vorgestellt wurde die unkontrollierte Vermehrung der Dinosaurier dadurch zu verhindern, dass man ausschließlich Weibchen klonte und aussetzte. Auch beim Menschen setzt sich „*Mutter Natur*" gerne mal durch, um die Vermehrung der Spezies Mensch möglichst großzügig voranzutreiben. So soll angeblich auch ein besonders emotionales Erlebnis einen spontanen Eisprung auslösen können – gerne angeführt wird in diesem Zusammenhang der Fronturlaub des geliebten Ehemanns in den vergangenen Weltkriegen. Dies ist in der Natur keineswegs ungewöhnlich, denn bei verschiedenen Tierarten wird der Eisprung grundsätzlich erst durch den Deckakt ausgelöst.

Sterilisation

Eine höchst wirksame, hormon- und sorgenfreie aber meist nicht rückgängig zu machende Verhütungsmethode, ist die Sterilisation von Mann oder Frau. Durch einen operativen Eingriff (in der Regel endoskopisch – also ohne sichtbare Narben) werden die Eileiter bzw. Samenleiter durchtrennt und deren Enden verschweißt bzw. abgebunden. Es werden also weder Eierstöcke noch Hoden entfernt, was bedeutet, dass der Hormonhaushalt dadurch nicht beeinträchtigt wird. Die gereiften Ei- bzw. Spermazellen werden dann vom Körper einfach wieder absorbiert.

Selbst dem Ejakulat des Mannes ist eine Vasektomie, wie dieser Eingriff genannt wird, nicht anzusehen, da die Samenzellen weniger als ein Prozent des Volumens ausmachen und auch an Aussehen, Geruch und Geschmack lässt sich keine

Veränderung ablesen. Erst unter dem Mikroskop wird deutlich, dass das Ejakulat keine Spermien mehr enthält.

Oft ist eine Sterilisation eine tragische Nebenwirkung einer Erkrankung – wenn also aus medizinischen Gründen Eierstöcke, Gebärmutter oder Hoden entfernt werden müssen. Als Verhütungsmethode ist aus offensichtlichen Gründen eine Sterilisation nur für Paare in einer stabilen Beziehung geeignet, die mit der Familienplanung abgeschlossen haben. Es dürfte auch kaum ein Arzt zu finden sein, der bei einem jungen Menschen eine Sterilisation durchführt – selbst wenn diese noch so nachdrücklich beteuern, dass sie keinesfalls irgendwann Kinder in die Welt setzen möchten. Eines Tages lernt man dann doch überraschend seinen Traumpartner kennen und möchte mit diesem eine Familie gründen, dann ist das Bedauern groß. Es ist zwar schon gelegentlich gelungen, eine Sterilisation wieder rückgängig zu machen und die durchtrennten Ei- bzw. Samenleiter erneut zu verbinden – aber die Erfolgsaussichten sind meist gering…

Die Pille danach

Die seit 2015 auch in Deutschland rezeptfrei erhältliche Pille, kann von Jugendlichen ab 14 Jahren auch ohne Einwilligung der Eltern gekauft und angewandt werden[1]. Ähnliche Regeln gelten in Österreich und der Schweiz. Dabei ist wichtig, dass die „*Pille danach*" innerhalb von 72 Stunden nach dem ungeschützten Geschlechtsverkehr (bzw. der Verhütungspanne)

---

[1]

http://www.netdoktor.de/verhuetung/pille-danach/rezeptfrei-erhaeltlich/

eingenommen wird. Je früher die Einnahme, desto zuver-lässiger die Wirkung.

Dabei ist die „*Pille danach*" stets als Notfallmedikament zu betrachten, welches keinesfalls zur Standardverhütung einge-setzt werden darf! Die Hormondosis ist ein ziemlicher „*Hammer*", bei der eine rund 15fach höhere Dosis zur Anwen-dung kommt, als bei einer gewöhnlichen Antibabypille. Daher bringt die Notfallpille den natürlichen Zyklus fast unweigerlich durcheinander und wartet mit allerlei Nebenwirkungen auf. Sehr häufig sind Übelkeit, Kopfschmerzen und Unterbauch-schmerzen. Unabhängig von der Menstruation können Blu-tungen auftreten (Zwischenblutungen). Die nachfolgende Menstruationsblutung kann verspätet einsetzen; allerdings sollte ein Schwangerschaftstest durchgeführt werden, wenn die Menstruation eine Woche nach dem erwarteten Zeitpunkt noch nicht eingesetzt hat oder schwächer als üblich ausfällt. Bei Erbrechen bis zu drei Stunden nach Einnahme der „*Pille danach*" wird eine erneute Einnahme empfohlen.

Eine „*Pille danach*", bei der es sich wortwörtlich nur um eine einzelne Tablette handelt, kostet rund 20 bis 30 Euro. Zwar können die Kosten für die „*Pille danach*" auch von der gesetz-lichen Krankenkasse für Frauen bis 20 erstattet werden – dann ist allerdings ein entsprechendes Rezept notwendig.

Sollte es Dich also „*erwischt*" haben, dass ein Kondom gerissen oder abgerutscht ist, die Verhütung „*vergessen*" wurde oder es sonst irgendwie zu ungeschütztem Verkehr gekommen ist, dann verliert keine Zeit! Geht <u>umgehend</u> zur Notfall-sprechstunde eines Frauenarztes (ein wahrer Freund schickt sein Mädel nicht einfach alleine hin, sondern geht selbstverständlich mit!) und schildert, was passiert ist. Der Arzt wird dann Fragen zur letzten Regel usw. stellen, um die fruchtbaren Tage zu bestimmen und das richtige Medikament verschreiben.

Im Notfall könnt Ihr – wie gesagt – auch direkt eine Apotheke aufsuchen und Euch dort beraten lassen und die *„Pille danach"* kaufen. Glaubt nicht, es sei *„peinlich"*, wenn zwei Jugendliche mit einem solchen Bedarf bei einem Arzt oder einer Apotheke vorstellig werden – viel peinlicher ist, wenn ihr ungeplant Windeln und Babynahrung kaufen müsstet!

Schwangerschaftstest

Die meisten jungen Mädchen fragen sich früher oder später, ob man sich eine Schwangerschaft *„eingefangen"* hat. Kommt die Regel nicht zum erwarteten Tag, so stellt sich ein mulmiges Gefühl ein, welches mit jedem Tag stärker wird und schließlich in Panik mündet. In Gedanken wird jeder Sexakt rekapituliert und die abenteuerlichsten Theorien aufgestellt, wie es – oftmals trotz Verhütung – zu einer Schwangerschaft gekommen sein könnte.

- *„Ist beim Trockensex vielleicht etwas durchgesickert?"*
- *„Hatte er seinen Schwanz angefasst, bevor er meine Muschi berührt hatte?"*
- *„Ist meine Pille dem Durchfall vorletzte Woche zum Opfer gefallen?"*
- *„Hatte das Kondom ein Loch?"*
- usw.

Kommt es zu leichteren Blutungen als gewöhnlich, stehen diese sofort im Verdacht, eine Einnistungsblutung zu sein und eine Schwangerschaft wird als umso wahrscheinlicher angenommen. Müdigkeit, Spannungsgefühl in den Brüsten oder dem Bauch, Unwohlsein und allerlei „*Ziehen*" und „*Drücken*" wird einer möglichen Schwangerschaft angelastet. Je mehr sich eine Frau (bzw. ein Paar) in die Vorstellung hineinsteigert, dass es zu einer Verhütungspanne gekommen ist, umso mehr „*verdächtige*" Symptome lassen sich finden. Dabei kann bereits alleine der Stress, den die Befürchtung einer ungewollten Schwangerschaft mit sich bringt, die meisten dieser Symptome auslösen und sogar die Regel verschieben!

Allerdings hilft hier alles Rätselraten, Sterndeuten und Symptome googeln nicht weiter und nur ein Schwangerschaftstest kann Klarheit schaffen. Tests, mit denen das Vorhandensein des Schwangerschaftshormons HCG überprüft wird, kann man in allen Apotheken und Drogerien sowie im Versandhandel (Amazon usw.), in manchen Kaufhäusern oder sogar aus Automaten kaufen, der Preis liegt meist zwischen 3 und 15 Euro, ein Test ist jeweils nur einmal verwendbar.

Auch wenn ihr es eilig habt und es gar nicht erwartet könnt, das Ergebnis zu erhalten – ihr solltet zuerst einmal die Anleitung lesen, da nicht jedes Produkt gleich funktioniert und das Ergebnis auf unterschiedliche Art angezeigt wird. Ein Urin-Selbsttest liefert normalerweise erst ca. 14 Tage nach einer Befruchtung ein zuverlässiges Ergebnis. Ob die „*Dummheit*" vom letzten Wochenende ohne Folgen geblieben ist, kannst Du also NICHT feststellen! Die angebotenen „*Schwangerschaft-Frühtests*" können teils bis zu 5 Tage VOR der ausbleibenden Periode testen und haben eine besonders hohe Zuverlässigkeit (die Hersteller werben teils mit *„über 99%"*) ab dem Fälligkeitstag der Periode.[1]

Zur Bestimmung des Status wird das Teststäbchen in den Urinstrahl gehalten (*„draufpinkeln"*), wobei der erste Morgenurin aufgrund der höheren Hormonkonzentration, die sich über Nacht angesammelt hat, besonders zuverlässige Ergebnisse liefert. Bei den meisten Produkten gibt es ein Fenster in dem zwei Streifen sichtbar werden können. Dabei dient eine Linie als *„Kontrollstreifen"* und wird (bei richtiger Anwendung) grundsätzlich sichtbar, taucht dann noch ein zweiter Streifen auf, dann liegt mit hoher Wahrscheinlichkeit eine Schwangerschaft vor. Bleibt es bei dem einen Kontrollstreifen, dann ist eine erfolgreiche Befruchtung unwahrscheinlich (vorausgesetzt der Test wird nicht zu früh angewandt). Bei anderen Tests erscheint stattdessen ein Pluszeichen, ein Gesicht oder direkt eine LCD-Anzeige mit dem einem (+) und der berechneten Schwangerschaftswoche.

Zeigt ein Test *„schwanger"* an, dann stimmt dieses Ergebnis auch in den allermeisten Fällen und ihr solltet es dann glauben. Der nächste, sinnvolle Schritt ist dann ein Besuch beim Frauenarzt. Ein *„nicht schwanger"* kann ggf. auch von einer falschen Handhabung (z.B., wenn zu früh getestet wird) kommen.

Mit einem Bluttest, wie ihn ein Frauenarzt durchführen kann, kann noch ein paar Tage früher, als beim Schwangerschafts-Selbsttest eine Schwangerschaft bestimmt werden. Ein Bluttest liefert bereits 7-10 Tage nach erfolgter Befruchtung ein Ergebnis.

---

[1] http://amzn.to/2lvboYn
Clearblue Digital Schwangerschafts-Frühtest

Ungewollt schwanger – was jetzt?

Wenn Dein Schwangerschaftstest positiv war und ein Arzt dies bestätigt hat, dann solltest Du keinesfalls versuchen die Tatsache zu ignorieren, dass Du ein Kind bekommst! Sage es Deinem Partner und wenn Du noch minderjährig bist, dann rede unbedingt auch mit Deinen Eltern darüber! Natürlich kann es sein, dass sie Dir vor Schreck erst einmal Vorhaltungen machen oder verärgert sind – aber das ist verständlich und in erster Linie der Sorge um Deine Zukunft geschuldet. Trotzdem werden sie sich schon bald mit Dir auf das Kind freuen.

Wenn Du Dich den eigenen Eltern nicht anvertrauen kannst, weil diese z.B. die Maßstäbe einer mittelalterlichen Kultur anwenden, nach denen eine ledige Mutter eine *„Schande"* ist und die *„Ehre der Familie beschmutzt"*, dann gibt es vielleicht eine Großmutter, Tante oder Freundin der Familie, die Du ins Vertrauen ziehen kannst, und die es dann den Eltern dann in angemessener Art und Weise beibringt. Solltest Du allerdings um Dein Leben fürchten müssen, so wende Dich unbedingt an eine der Beratungsstellen, die im Anhang aufgelistet sind!

Dort kann man Dich beraten, welche Möglichkeiten es gibt – von einem Abbruch der Schwangerschaft, bis zur Freigabe des Kindes zur Adoption. Wenn Du Dich dazu entschließt das Kind zu behalten, kann man Dich dort über die Unterstützung und Leistungen informieren, die es für Mädchen und Frauen gibt, die ein ungeplantes Kind bekommen.

Wie gesagt: Verliere keine Zeit und sprich umgehend mit Deinen Eltern bzw. suche baldmöglichst eine qualifizierte Beratung auf. Eine Schwangerschaft kann man nicht beliebig lange ignorieren und *„von alleine weggehen"* wird sie auch nicht!

Lass Dich nicht durch Deinen Partner unter Druck setzen – wenn er Dich zu einem Schritt zwingen will, den Du nicht wirklich mitträgst, dann wirst Du ihm das nie verzeihen. Wenn er Dich wegen einer Schwangerschaft – an der er ja nicht unschuldig ist – verlässt, dann war es ohnehin der Falsche! Der Erzeuger eines Kindes (was sich heute ja problemlos nachweisen lässt) kann sich auch nicht ein einfach aus der Affäre ziehen – zumindest muss er finanzielle Unterstützung leisten, auch wenn er der Meinung sein sollte, es sei *„Dein Fehler"* oder Du hättest ihn *„hereingelegt"!*

Selbst wenn ein Mann für Sex bezahlt hat und dadurch ein Kind entsteht, kann er sich nicht mit dem Hinweis auf eine genutzte Dienstleistung um den Kindesunterhalt drücken! Dank DNA-Test kann die Vaterschaft zweifelsfrei nachgewiesen und ein solcher Test ggf. gerichtlich angeordnet werden. Das unter Männern immer noch kursierende Gerücht man brauche einer Frau nur einen *„lockeren Lebenswandel"* nachzuweisen (also, dass diese mit mehreren Männern Sex hatte), um sich vor Unterhaltszahlungen zu drücken, ist also NICHT zutreffend!

Sex & verkehrter Verkehr

Wie ich am Anfang dieses Buches ja bereits erwähnt habe, leben wir heute in einer (über-)sexualisierten Welt. Sex findet nicht mehr nur im heimischen Schlafzimmer statt, wo niemand erfuhr, was man dort trieb, sondern Sex begegnet uns auf Schritt und Tritt. Nackte Körper in den Medien wie Fernsehen, Kino und Internet sind schon lange kein Skandal mehr und selbst manch seriöse Zeitung berichten ausführlich über allerlei Stars und Sternchen, denen *„aus Versehen"* irgendwelche Nackt-Selfies und *„Sextapes"* abhandengekommen sind und ihren Weg ins Internet gefunden haben.

Ein öffentlich gewordener Seitensprung ist schon lange kein Grund mehr, um die Karriere eines Sportlers, Musikers, Schauspielers, Politikers oder Firmenvorstands zu beenden und löst kaum mehr als ein Schulterzucken aus – man hat es ja schließlich schon immer gewusst. Eine geschiedene Frau oder eine *„wilde Ehe"* eines unverheirateten Paares ist längst kein Gesprächsthema mehr für den Dorfklatsch.

Teenager haben heute durch das Internet nahezu ungehinderten Zugang zu allen Arten von sexuellen Inhalten – von harmlosen und ästhetischen Aktfotos bis zur harten Pornographie mit teils höchst extremen Praktiken. Daher haben viele 15-jährige heute schon Dinge gesehen, die ihre Eltern höchstens vom Hörensagen kennen und deren Existenz ihre Großeltern glatt bestreiten würden. Daher glauben viele Teenager auch, dass sie über Sex *„alles"* wüssten und belächeln die Vorstöße der Eltern, über diese Thematik ein Gespräch zu führen.

In den nachfolgenden Kapiteln möchte ich daher beschreiben, wie Sex zwischen echten, lebenden und liebenden Menschen wirklich funktioniert – im Gegensatz zur Akrobatik irgendwelcher Pornodarsteller. Deren Filme versuchen nämlich meist nur, sich von der Masse gleichartiger Produkte abzuheben, indem es noch wilder, noch extremer, noch brutaler, noch größer, noch länger, noch exotischer zur Sache geht.

Das Küssen

Der erste Kuss ist für die meisten Pärchen der Moment, an dem beiden klar ist, dass man nicht nur als *„gute Freunde"* oder *„Bekannte"* zusammengekommen ist, sondern *„mehr"* daraus geworden ist.

Im Gegensatz zum *„Oma-Kuss"*, also dem trockenen Schmatzer auf die Wange oder die Lippen, gehört zu einem *„richtigen Kuss"* unter Liebenden in der Regel auch das Zungenspiel. Während man also mit leicht geöffnetem Mund die Lippen aufeinanderpresst, spielen und necken die Zungen einander.

Wenn Du damit noch keine Erfahrungen gesammelt hast, dann mach' Dich nicht verrückt, denn es geht ganz automatisch und ist leichter, als Du denkst.

Der Prüfstein für eine Beziehung ist nicht der erste Kuss – sondern der erste Furz!

R. Fahren

Mit Deinen Händen kannst Du dabei den Kopf des Partners halten, ihn in die Arme schließen und/oder seinen Körper erkunden. Fange aber nicht beim ersten Kuss gleich damit an, Dein Gegenüber aus den Kleidern zu schälen, sondern geht einen Schritt nach dem anderen.

Viele Menschen schließen beim Küssen die Augen und konzentrieren sich auf die Interaktion mit dem Partner, aber auch hier gibt es kein „*Richtig*" oder „*Falsch*".

Knutschflecke

Gerade unter jüngeren Teenagern nehmen Knutschflecke teils den Platz eines Statussymbols bzw. einer Trophäe ein, die stolz herumgezeigt oder gleich derart auffällig „*verborgen*" werden (z.B. mit einem Schal im Hochsommer), damit auch ja jeder mitbekommt, dass man einen Freund abbekommen hat.

Ziel ist der Hals, der Nacken oder die Schulter – alleine schon, weil man diese Stellen nicht im Alleingang erreichen kann. Einen Knutschfleck am Arm könnte sich jemand auch selbst beibringen – was viele zu Übungszwecken tatsächlich machen.

Knutschflecken entstehen auch nicht „*aus Versehen*" – man muss schon ganz schön kräftig saugen, damit ein Knutschfleck zurückbleibt. Ein „*Das habe ich nicht gewollt!*" ist also nur eine billige Ausrede.

Wenn ein Partner dem anderen immer wieder einen Knutschfleck verpassen möchte, dann ist dies meist als „*Markierung*" des „*Besitzes*" gedacht, damit eventuelle Neben-buhler darauf aufmerksam gemacht werden, dass dieses Mädchen bzw. dieser Junge bereits „*besetzt*" ist.

Medizinisch betrachtet ist ein Knutschfleck nichts anderes als ein Unterdruck-Hämatom, also ein *„blauer Fleck"* – d.h. er wird durch Blut, welches aufgrund des erzeugten Unterdrucks durch das Platzen kleiner Blutgefäße in das umliegende Gewebe austritt, gebildet. Daher nimmt ein Knutschfleck während der Heilung auch ganz ähnliche Färbung an und verändert sich von Rot über Blau und Grün bis zu Gelb. Nach einer Woche (bei manchen kann es aber auch bis zu vier Wochen dauern) ist der Spuk dann wieder vorbei und der Knutschfleck meist spurlos verschwunden.

Solange man es nicht übertreibt und so lange saugt, bis Blut austritt oder gar richtig zubeißt, heilt ein Knutschfleck in der Regel ohne Narben aus. Die meisten Paare lassen dieses Imponier- und Markierungsgehabe auch schon bald wieder bleiben und halten es dann zu Recht für überflüssig und kindisch.

Was ist „Petting"?

In einer gesunden Beziehung lernt man sich nach und nach geistig und auch körperlich näher kennen. Dabei gibt es keine Regeln, wie schnell dieses Kennenlernen vonstattengehen darf oder muss. Scheinbare Vorschriften, beim wievielten Date ein Kuss oder gar Verkehr stattzufinden haben, sind Quatsch. Die richtige Geschwindigkeit ist stets die, bei der sich alle Beteiligten wohlfühlen! Eine große Rolle spielt in diesem Zusammenhang natürlich das Alter, die Vorerfahrung, der Familienstand, die Situation, das Umfeld, die Kultur und die Erwartungen der Beteiligten. Ein heißer Flirt zweier Geschiedener an einem Urlaubsort läuft mit anderer Geschwindigkeit ab, als die ersten

Sexperimente zweier Jungfrauen im Teenageralter – und das ist gut so!

Beim ersten Schritt ist die größte Angst meist, sich zu „*blamieren*". Man fürchtet, dass das Gegenüber einen Annäherungsversuch, wie beispielsweise einen Kuss, plötzlich belustigt zurückweisen könnte, da aus dessen Sicht die bisherigen Aktionen aus reiner Freundschaft oder gar Mitleid unternommen wurden. Auch wenn solche Szenen gerne in Teenagerkomödien eingebaut werden, so passieren sie in der Praxis doch eher selten und selbst wenn: Nur wer es versucht hat eine Chance, dass der Traumprinz „*Ja!*" sagt!

> **"Ein Kuss ist eine Sache, für die man beide Hände braucht."**
>
> **Mark Twain**
> **(US-amerikanischer Schriftsteller 1835-1910)**

Also tastet man sich gerade bei der ersten Beziehung meist besonders langsam vor, denn stets fürchtet man, dass man sich „*falsch*" verhalten könnte. Man kann die Signale des Partners nicht eindeutig interpretieren, orientiert sich zu sehr an dem, was andere angeblich tun (oder behaupten getan zu haben), nimmt sich Hollywood-Streifen als Vorbild und so weiter und so fort.

So manches junge Pärchen braucht schon Wochen und einige Verabredungen und gemeinsame Unternehmungen, bis sich einer der Beiden getraut, die Hand des anderen zu fassen und Händchen zu halten. Auch daran ist nichts auszusetzen und bereits dieses stumme *„ich mag Dich"* kann bei einem frisch zusammengefundenen Pärchen zu wohliger Schlaflosigkeit führen ...

Die nächsten Schritte folgen dann meist etwas schneller und auch hier ist die Reihenfolge nicht *„vorgeschrieben"*. Man legt den Arm umeinander, küsst sich, drückt den Partner an sich, kuschelt, streichelt sich gegenseitig – zunächst über der Kleidung, dann darunter und früher oder später fallen dann nach und nach die verschiedenen Kleidungsstücke. Irgendwann kuschelt man vorzugsweise nackt und erkundet den Körper des Partners mit Fingern und Zunge. Dieses Streicheln – neudeutsch gerne als *„Petting"* bezeichnet ist auch Sex und kann – gerade für ein Mädchen – sehr erfüllend sein.

Das Wort *„Petting"* stammt dabei vom englischen Verb *„to pet"*, was so viel wie *„streicheln, liebkosen"* bedeutet und sich daher auch in der englischen Bezeichnung für Haustier (*„pet"*) wiederfindet. *„Petting"* wird in der Regel mit *„Knutscherei"*, *„Rummachen"* oder *„Fummeln"* übersetzt und verstanden.

Diese Phase des körperlichen Kennenlernens sollte nicht im Schnellvorlauf abgespult werden. Gerade Jungs tendieren dazu – ist ein Mädchen erst einmal *„klar gemacht"* – zielstrebig darauf hinzuarbeiten, dem Drang von *„Mutter Natur"* nachzugeben und baldmöglichst den Geschlechtsverkehr zu vollziehen. Hauptsächlich die eigene Unsicherheit, sowie die Furcht das Mädel zu verprellen, verhindern, dass sie allzu direkt auf ihr Ziel hinarbeiten. So kann es vorkommen, dass ein Zungenkuss bereits als Aufforderung verstanden wird, die Geliebte aus der Kleidung zu schälen, was von dieser dann in der Mehrzahl der Fälle mit Panik und Bestürzung quittiert wird.

Damit entwickelt sich die Kennenlernphase dann gerne zu einem unermüdlichen Spiel, bei dem ER immer wieder versucht, ob er bereits einen Schritt weitergehen darf und SIE bestimmt, ob sie es zulässt oder ihn einbremst. Ist er dabei zu hartnäckig oder ignoriert ihre Bitten einzelne Handlungen zu unterlassen, dann wird dieses „*Spiel*" sehr schnell unangenehm, denn SIE fühlt sich dabei nicht wohl und gewinnt den Eindruck, dass es ihm nur um „*das eine*" geht. ER versteht allerdings nicht, warum er etwas nicht darf, und wundert sich, warum sie ihn unnötig „*hinhält*" – schließlich sei man doch ein Paar, liebe sich – und überhaupt würden es „*alle anderen*" ja ebenfalls „*tun*".

Mit Jungs, die ZU schüchtern sind, um einen Schritt weiter zu gehen, tun sich Mädchen meist leichter (solange sie dadurch nicht annehmen, dass sie ihm nicht genug gefallen). Einem Jungen, der sich nicht getraut, seiner neuen Freundin an die Brüste zu fassen, braucht sie nur seine Hand an ihren Busen zu führen – der Rest passiert automatisch ...

Beim Sex ist eine Frau besonders verletzlich und benötigt daher eine große Portion Vertrauen, um sich auf einen Partner einzulassen. Eine Frau, die sexuell noch unerfahren ist, wird darauf besonderen Wert legen und sicherstellen wollen, dass ihr Partner dieses Vertrauen auch verdient. Solche Vorgänge laufen fast immer rein unbewusst ab, daher ist der Allerwelts-Tipp „*Ihr müsst darüber reden…*" auch nur bedingt geeignet, um dieses Vertrauen zu schaffen. Das Mädchen muss erfahren (das bedeutet **erleben**), dass ihr Lover zärtlich zu ihr ist, ihr keinesfalls Schmerzen zufügen wird und – ganz wichtig – sich zuverlässig an ihre Regieanweisungen hält!

Genießt diese Zeit erster körperlichen Entdeckungsreisen, denn so intensiv, wie beim ersten Partner, der einem wirklich etwas bedeutet, werdet ihr diese Gefühle nie wieder erleben! Händchenhaltend spazieren zu gehen, aneinander gekuschelt einen Film zu sehen oder eng umschlungen die Welt um sich herum zu vergessen, sind überwältigende Eindrücke, die sich ein Pärchen gönnen und wertschätzen sollte.

Irgendwann, nach Tagen, Wochen oder gar Monaten, hat man sich dann gegenseitig von Kopf bis Fuß erkundet und dabei keine Stelle ausgelassen. Man weiß, wo der Partner kitzelig ist und wo nicht, hat herausgefunden, wo es sich für beide gut anfühlt und wo eher nicht. Nach und nach dehnt man diese Forschungsreisen dann auf bisher unentdeckte Welten unter der Kleidung aus, was gleich ein deutlich intensiveres Erlebnis für beide Seiten darstellt, bis dann die Kleidungsstücke irgendwann abgelegt werden. Dabei sollte man dann noch mehr als sonst auf das richtige Ambiente achten, denn im Jugendzimmer von ihm oder ihr sich auszuziehen, während man ständig mit einem Ohr darauf lauscht, ob die Eltern oder Geschwister ins Zimmer platzen, ist auf die falsche Art und Weise *„aufregend"*!

Familie und andere Störenfriede

In vielen Familien ist es ein Tabu ein Kinder-/Jugendzimmer von innen abzuschließen und selbst wenn es üblich ist, dass angeklopft wird, warten Familienmitglieder eine Aufforderung zum Eintreten nicht immer ab. Natürlich wissen – oder zumindest ahnen – die Eltern, was ihr Nachwuchs so tut, wenn der Partner zu Besuch ist, sie wissen in der Regel nur noch nicht, wie weit die Sexperimente schon fortgeschritten sind. Daher sollten beide Seiten darauf hinarbeiten, dass hier ein vernünftiges, offenes Verhältnis zueinander geschaffen wird, bei dem man grundsätzlich über ALLES reden kann.

Dazu gehört, dass die Kinder das Gefühl haben, sich mit allen Fragen und Problemen (z.B. einer Verhütungspanne) an die Eltern wenden zu können, ohne mit Strafen oder Vorhaltungen rechnen zu müssen. Auf der anderen Seite müssen die Eltern sich auf die Zusagen ihrer Kinder verlassen können – beispielsweise in Bezug auf die Örtlichkeit einer Verabredung und den abgesprochenen Zeitrahmen. Eine Jugendliebe zu verbieten funktioniert nur höchst selten und ein Hausverbot für den Freund verlagert das „*Problem*" nur an weniger sicherere Orte. Sinnvoller ist der Tochter – auch wenn diese beteuert, dass man noch längst nicht so weit sei – bei einer ärztlichen Beratung über Verhütungsmittel zur Seite zu stehen.

Etwas anders liegt der Fall – wie bereits besprochen – dann, wenn einer der Beiden noch keine 14 Jahre alt ist. Dulden oder fördern Eltern den (in den Augen des Staatsanwalts) „*Sexuellen Missbrauch von Kindern*", dann bekommen sie womöglich selbst Ärger. Bei einer solchen Konstellation darauf zu bestehen, dass die Freundschaft rein platonisch bleibt und höchstens Händchenhalten erlaubt wird, ist weder engstirnig noch altmodisch, sondern der aktuellen Rechtsprechung in Deutschland geschuldet.

Beide Seiten sollten Verständnis für die Bedürfnisse der jeweils anderen Partei aufbringen. Die Eltern sorgen sich um die Zukunft der Kinder und möchten nicht, dass dem Augapfel das kleine Herz gebrochen oder ein ungewolltes Kind aufgezwungen wird. Die Kinder dagegen möchten ihre Vorstöße in die Welt der Erwachsenen ohne allzu viele Ratschläge bzw. Kontrolle unternehmen und finden es peinlich über derart intime Dinge, wie den aktuellen Stand ihrer Sexperimente, mit den Eltern zu plaudern.

Für ein möglichst konfliktfreies Miteinander sollte daher einerseits der Nachwuchs die Eroberung zwar den Eltern vorstellen, diese die Gelegenheit jedoch nicht gleich zu einem Verhör nutzen. Auch für Ratschlägen zum Thema Verhütung ist ein solches Kennenlern-Gespräch der falsche Rahmen. Meist sind sich die jungen Liebenden noch nicht einmal untereinander klar, ob es jemals zu „*richtigem Sex*" kommen wird und Verhütung daher noch überhaupt kein Thema. Daher sollte eine Unterhaltung zu dieser Materie stets unter vier Augen - und zwar mit den eigenen Abkömmlingen - stattfinden. Besonders hilfreich ist es, wenn ein solches Gespräch mit „*Wir hatten ja schon mal darüber gesprochen, dass...*" beginnen kann und nicht mit „*Was ich Dir schon immer mal erklären wollte...*" anfangen muss!

"Ich möchte dich jetzt aufklären," sagt die Mutter zu ihrer 16-jährigen Tochter, *"denn in sieben Monaten bekommst du ein Schwesterchen."*

"Nicht nötig Mami. Denn in sechs Monaten wirst du Omi."

Auch wenn es schwerfällt, sollten Eltern den jungen Liebenden ihre Privatsphäre lassen und die Beiden nicht stören.

Alle paar Minuten unter irgendeinem Vorwand ins Zimmer zu platzen, um *„nach dem Rechten zu sehen"* ist peinlich. Wenn die beiden Sex haben wollen, dann werden sie einen Weg finden. Der Versuch ihr Verhalten zu überwachen und zu steuern, belastet lediglich die Eltern-Kind-Beziehung. Wenn noch Geschwister im Haushalt leben, sollte sichergestellt werden, dass auch deren Neugierde bzw. Unbedarftheit im Zaum gehalten wird und sie sich nicht daran stören, wenn das Jugendzimmer von innen abgeschlossen wird. Eltern brauchen sich nur einmal daran zu erinnern, wie oft sie selbst beim Liebesspiel aufschraken, weil sie einen unerwarteten Gast im Schlafzimmer wähnten. Bei den ersten Sexperimenten, wo man ohnehin schon unsicher und angespannt ist, verstärkt sich dieses Unwohlsein noch und sorgt für unnötige Nervosität oder gar Schmerzen.

Die Jugendlichen sollten die gewährten Freiräume nicht strapazieren und sich entsprechend diskret verhalten – also beispielsweise ihre Zärtlichkeiten nicht vor den anderen Familienmitgliedern austauschen und ihre Lustschreie nicht durchs komplette Haus brüllen.

Was ist „Trockensex"

Trockensex oder (aus dem amerikanischen) *„Dry Humping"* bedeutet, dass das Paar in Stellungen, wie sie sonst für den Geschlechtsverkehr genutzt werden, die Geschlechtsteile aneinander reibt, während allerdings beide bekleidet sind. Dabei kann ein Mädchen durchaus einen Orgasmus bekommen und bei Jungs ist es sogar recht wahrscheinlich, dass es *„in die Hose geht"*.

Wenn ihr nicht verhütet, sollte man auch beim Trockensex, der ja nicht immer wirklich trocken bleibt, vorsichtig sein und die feuchten Flecke an seiner Hose nicht unterschätzen. Für sein Sperma stellen Unterhose und Oberbekleidung keine hunderprozentige Barriere dar und auch wenn die Wahrscheinlichkeit nicht allzu hoch ist, dass durch all die Kleidungsschichten bei ihm und ihr eine Befruchtung erfolgt, so ist es doch nicht völlig unmöglich, auf diese Weise schwanger zu werden!

Kommt nach Petting der Sex?

Zunächst einmal gibt es keine festen, voneinander abgegrenzten Programmpunkte, die es der Reihe nach *„abzuhaken"* gilt. Es gibt stets einen fließenden Übergang und bereits *„erledigte"* Punkte werden auch nicht aus dem Repertoire *„gestrichen"* und fortan nicht mehr praktiziert, sondern erweitern nach und nach die Bandbreite des Liebesspiels.

Eine Steigerung gegenüber den Berührungen mit den Fingern ist die Stimulation mit Lippen und Zunge. Einen geliebten Partner kann und darf man überall küssen und lecken – von Kopf bis Fuß, und zwar auch dort, wo die Sonne normalerweise nicht hinscheint! Dies bedeutet nicht, dass man dies auch tun MUSS – aber ein *„das gehört sich nicht"* sollte nicht der Maßstab sein. Erlaubt ist, was Beiden gefällt!

Dabei ist es völlig normal und natürlich, dass ein Paar dadurch scharf wird! Gerade anfangs genügt bei vielen bereits ein Kuss, um auch körperlich erregt zu werden, und wenn dann noch entsprechende Berührungen hinzukommen, lassen sich die Symptome gar nicht mehr verbergen. Dafür gibt es auch keinen Grund, denn wenn der Penis eines Jungen steif oder die Vagina eines Mädchens feucht wird, dann sollte man dies als unausgesprochenes Kompliment an den Partner verstehen.

> *Der richtige Junge macht ihren Schlüpfer feucht – und nicht ihre Augen!*
>
> *Das richtige Mädchen macht seinen Schwanz hart – und nicht sein Leben!*

Beschäftige Dich also erst einmal ausführlich mit dem ganzen Körper Deines Partners und taste Dich nach und nach an die erogenen Zonen heran, die im Folgenden näher beschrieben sind.

Erogene Zonen des Mannes…

…denn der „kleine Chef" ist nicht alles!

Unter erogenen Zonen versteht man ja die Bereiche des Körpers, die bei entsprechender Behandlung, zu sexueller Erregung führen. Grundsätzlich ist nicht jeder Mensch gleich und was der eine liebt, ist dem anderen womöglich ein Greul. So auch bei den Zärtlichkeiten, die einem zugedacht werden. Allerdings gibt es durchaus einen gewissen gemeinsamen Nenner, der bei den meisten Menschen für angenehme Gefühle sorgt.

Mehr oder weniger empfänglich für erotische Berührungen sind beim Mann:

- Der Bereich um die Augen und Augenbrauen
- Kopf und Haare
- Ohrmuscheln
- Nase und Mund
- Nacken, Hals und Unterkiefer
- Hände
- Achselhöhlen und Körperseiten
- Unterbauch
- Damm und Anus
- Brusthügel und Brustwarzen (wenn auch deutlich weniger als bei der Frau)
- Beine – vor allem die Innenseite der Oberschenkel
- Füße und Zehen

Darüber hinaus sind natürlich sein *„kleiner Chef und die Zwillinge"* – also Penis sowie Hoden mit Hodensack besonders empfänglich für erotische Zärtlichkeiten und so mancher Mann merkt erst nach und nach, dass es mehr Möglichkeiten gibt, Erotik zu genießen, als sein *„Ding"* irgendwo reinzustecken.

Die meisten Männer lieben es, wenn man sie am Rücken und Po streichelt, massiert oder küsst. Hier heißt es ausprobieren, keine Stelle auszulassen, und auf die Reaktion des Partners achten. Natürlich kann man auch fragen (*„Gefällt Dir das…"*, *„Magst Du es, wenn ich…"*) – aber ein Zuviel an Fragerei macht die erotische Stimmung kaputt!

Wenn Du nicht gerade einen Quickie im Sinn hast, dann solltest Du Deinen Lover auch nicht gleich am Schwanz packen. Spare Dir sein *„Heiligtum"* für später auf und kümmere Dich zunächst intensiv um den Rest seines Körpers – auch wenn er womöglich den Eindruck erweckt, dass er am liebsten sofort auf Dich springen möchte. Necke ihn, spiele mit ihm, sag' seinem „*kleinen Freund*" mal kurz „*Hallo*" und widme Dich dann wieder anderen Körperregionen und so weiter. Gestalte es spannend und abwechslungsreich!

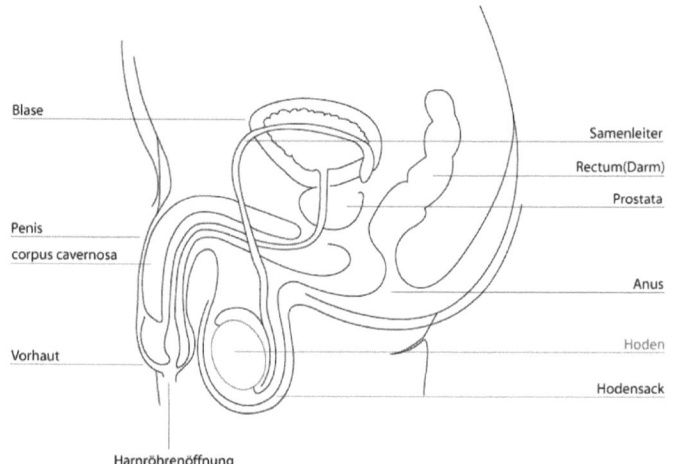

Abb. 3 : Die männlichen Geschlechtsorgane

Während Du seinen Penis auch mal kräftiger drücken kannst, sind die Hoden meist sehr empfindlich. Seine Eier fester anzupacken gefällt nicht jedem Mann. Wenn er also dabei mit den Augen rollt, dann eventuell nicht aus Vergnügen …

Wenn Du ihn verwöhnst, dann kannst und solltest Du Art und Intensität der Berührung variieren. Man kann sich nicht nur sanft streicheln, sondern auch mal kräftiger Zupacken oder die Fingernägel einsetzen. Dabei solltest Du es allerdings nicht übertreiben, denn die wenigsten Männer mögen es, wenn sie hinterher blutige Kratzspuren am Körper haben. Setze auch Deine Lippen und Zunge ein und knabbere und küsse Dich damit am Körper Deines Lovers entlang. Du kannst ihn mit Deinen Haaren kitzeln, ihn mit Deinen Brüsten massieren und was immer Dir sonst so einfällt – erlaubt ist, was Beiden gefällt! Experimentiert, albert herum und lacht zusammen – Sex darf man nicht allzu ernst nehmen!

> *Sex ist Lust und sollte daher auch eher „lustig" als „lästig" sein!*
>
> *G. Fahren*

Fingerspiele richtig gemacht

Beim Petting stößt man ja früher oder später auch zu Schwanz bzw. Muschi vor und wähnt sich dann am Ziel angelangt, wenn einem derart intime Regionen nicht verweigert werden. An dieser Stelle möchte ich noch einmal ausdrücklich empfehlen, dass Du Dich ausführlich mit dem Geschlechtsorgan Deines Partners auseinandersetzen solltest, **denn „richtigen" Verkehr solltet ihr erst dann haben, wenn ihr beide in der Lage seid den Partner zuverlässig mit Händen und Zungen zum Orgasmus zu bringen!**

Der Handjob

Mädchen sollten sich sein „*Prachtstück*" also ruhig aus der Nähe ansehen und mit ihm spielen. Wundere Dich dabei nicht über die Größe, Dicke, Krümmung oder andere Eigenschaften von seinem Schwanz und vor allem ziehe ihn damit nicht auf. Viele Jungs haben ohnehin schon Komplexe, weil sie glauben, ihr

„*kleiner Chef*" sei zu groß, zu klein, zu dick, zu dünn, zu krumm oder sonst irgendwie fehlgebildet. Daher wird er oft angstvoll vermessen und mit allen erreichbaren Quellen verglichen, um möglichst besser als der Durchschnitt oder doch zumindest „*normal*" zu sein und einer Frau „*genügen*" zu können. Die größte Angst eines Jungen ist, dass sie ihn auslacht, weil sie seinen Schwanz für zu klein geraten hält. Da beide Geschlechter heute meist schon einige Pornofilm gesehen haben, halten sie ganz andere Größen für „*normal*", als in der „*freien Wildbahn*" vorkommen.

Mach Dir auch keine Sorgen, dass er zu „*groß*" ist und „*unmöglich bei Dir reinpassen kann*", selbst wenn bisher ein Tampon oder ein Finger das Größte gewesen ist, was „*gerade so hineinging*". Mutter Natur hat Deine Organe für weit größere Kaliber ausgelegt, denn später einmal wird sogar ein Baby hindurchpassen! Du erinnerst Dich daran, dass die Vagina ein Muskelschlauch ist? Diesen Muskel zu entspannen ist der Trick, über den wir noch ausführlich sprechen werden.

Aber wir wollten uns ja zunächst einmal damit beschäftigen, wie Du einem Jungen mit Deiner Hand Vergnügen bereiten kannst. Obwohl Jungs auch zärtliche Berührungen am Penis genießen können, ist sein Schwanz doch letztendlich darauf ausgelegt, in einer engen Körperöffnung rein und raus bewegt zu werden. Mit der Hand lässt sich dies einfach dadurch nachstellen, dass man den Penisschaft mit der Hand umschließt und diese dann vor- und zurückbewegt. Die Eichel wird dabei immer wieder von der Vorhaut (sofern vorhanden) bedeckt und erneut entblößt und sorgt so für zusätzliche Stimulation. Jungs bezeichnen es daher teilweise auch scherzhaft als „*Mütze-Glatze-Spiel*", wenn sie die Befriedigung in die eigene Hand nehmen. Ein Reiben mit der Hand über die Eichel ist für die meisten Jungs allerdings zu intensiv und derart unangenehm, dass Du das besser lassen solltest.

Mit der freien Hand kann man dann gleichzeitig seinen Hodensack umfassen und sachte mit den darin enthaltenen Eiern spielen. Die meisten Jungs empfinden es allerdings als unangenehm, wenn du hier zu fest zupackst. Natürlich kannst Du ihn damit auch im Nacken packen und einen heißen Kuss geben oder anderweitig verwöhnen - auch hier gibt es kein Drehbuch, in dem jeder Handgriff festgelegt ist.

Am sinnvollsten ist allerdings, dass er nicht gleichzeitig versucht, Dich zu verwöhnen, denn dann wird es nicht nur akrobatisch – es fällt einem auch schwer, sich auf das eigene Vergnügen zu konzentrieren, während man gleichzeitig bemüht ist herauszufinden, was dem Partner besonders gefällt.

Wenn Du mit dieser Art „*Job*" noch nicht viel Erfahrung hast, dann lass' Dir von Deinem Partner einfach sagen, wie es ihm gefällt. Frage ihn ruhig mal „*Ist das zu fest?*" oder „*Ist das zu schnell?*" und Du wirst oft zu hören bekommen, dass Du durchaus noch fester zupacken kannst oder schneller wichsen sollst. Der Begriff „*Wichsen*" kommt ja schließlich aus einer Zeit, als man seine Schuhe noch mit Schuhcreme, Bürste und Muskelschmalz zum Glänzen gebracht hat. Allerdings solltest Du darauf achten, dass er nicht trockenläuft. Im Gegensatz zu Deiner Muschi verfügt sein Schwanz nicht über eine natürliche Schmierung. Wenn Du dazu ungeniert auf sein bestes Stück spuckst, dann finden das Jungs auch eher „*geil*" als „*eklig*", auch wenn es ganz und gar „*un-damenhaft*" erscheint. Es ist genau das, was ihn erregt!

Wie lange ein Junge braucht, bis er einen Orgasmus hat, ist von seinem Erregungszustand, der Situation, dem Umfeld, der Dauer seit seinem letzten Erguss, der allgemeinen Aufregung, seinen Gedanken (z.B. Angst davor, jeden Moment von ihren Eltern überrascht zu werden) und natürlich Deinen Bemühungen abhängig. Es kann sein, dass er bereits spritzt, bevor Du seinen *„kleinen Chef"* noch ganz in die Hand genommen hast. Es ist aber auch möglich, dass er sich vor lauter Aufregung blockiert und nach einer halben Stunde immer noch nicht gekommen ist, während Dir der Arm lahm und ihm der Schwanz wund wird.

Jedenfalls solltet ihr daraus beide nicht ableiten, wie lange er später beim *„richtigen"* Sex durchhalten wird, da dann die Karten neu gemischt sind und wieder von wenigen Sekunden bis zu stundenlangen Bemühungen ALLES möglich ist. Es kommt auch beim Handjob vor, dass sein Schwanz erst gar nicht steif wird. Daran ist die Aufregung schuld! Ein Mann muss entspannt sein, damit die Schwellkörper des Penis sich mit Blut füllen können. Dies ist mit bloßem Willen nicht steuerbar, und je verkrampfter er in diesem Moment probiert eine Erektion zu bekommen, umso schwieriger wird's. Sollte Euch das passieren, dann versucht nichts zu erzwingen und macht einfach mit anderen Zärtlichkeiten weiter. Sobald er nicht mehr bewusst daran denkt, klappt es oft am leichtesten.

Wenn Dein Partner plötzlich anfängt zu zucken, komische Geräusche von sich gibt, den Atem anhält oder stoßweise atmet, und/oder einen seltsamen Gesichtsausdruck bekommt, dann kündigt sich womöglich sein Orgasmus an - oder Du tust ihm weh. Die Frage, welche sich viele Frauen in diesem Moment stellen, ist *„Wohin mit seinem Sperma?"*. Zunächst einmal sollte man die Menge nicht überschätzen. Diese bewegt sich meist zwischen einem Teelöffel und einem Esslöffel voll. Es erwarten Dich also keine Riesenmengen, wie im letzten Pornofilm, wo gerne aus dem Off künstliches Sperma ins Bild gespritzt wird, bis die Darstellerin einer Sahnetorte ähnelt – im Pornoslang als *„Creampie"* bezeichnet.

Jungs sehen es als Kompliment und Liebesbeweis, wenn Du Dich vor ihrem Sperma nicht ekelst und daher nicht jedes Tröpfchen, welches sich auf Deine Haut verirrt hat, mit einem *„Iiiiiüh!!!!"* und angewidertem Gesicht abrubbelst, als handele es sich um Vogeldreck. Wenn ihr nackt seid und Du darauf achtest, dass sein Liebessaft nicht an Deine Muschi gerät, dann finden viele Jungs es toll, wenn sie auf Deine Brüste oder Deinen Bauch spritzen dürfen. Dort ist dann die Bescherung mit einem kurzen Wisch entsorgt und hinterlässt keine Spuren auf Teppich, Sofa oder Bett. Ob Du ihn in Dein Gesicht spritzen lässt, steht allerdings auf einem anderen Blatt – das finden viele Jungs zwar geil und haben es schon hunderte Male in Pornofilmen gesehen – aber wirklich toll bewerten das nur die allerwenigsten Frauen.

Es sollte für Euch Beide eine Selbstverständlichkeit sein, dass Finger, die etwas von seinem Sperma abbekommen haben könnten, keinesfalls kurz darauf an ihre Muschi wandern, sofern ihr nicht bereits wirksame Verhütungsmaßnahmen ergriffen habt. Gründliches Händewaschen mit Seife macht den kleinen Schwimmern allerdings den Garaus und der Fortsetzung Eures Liebesspiels steht nichts im Wege ...

Wenn Du mit dem Handjob im Laufe der Zeit etwas Übung bekommen hast und die Zeichen erkennst, an denen Du seinen nahenden Höhepunkt abzulesen vermagst, dann kannst

Du ihm einen besonders intensiven Orgasmus bescheren, indem Du mit ihm spielst: Sobald Du merkst, dass er vermutlich in den nächsten paar Sekunden kommen wird, dann kannst Du Geschwindigkeit und Druck reduzieren und ihn gaaaaanz langsam stimulieren, bis die Erregungswelle wieder etwas abgeebbt ist. Dann kannst Du erneut an Intensität zulegen und ihn durch dieses Hin und Her eine ganze Weile kurz VOR dem Orgasmus halten. Wenn er dann schließlich kommen DARF, erlebt er meist einen besonders intensiven Höhepunkt!

Aber: Übertreibe es nicht, sonst kann es passieren, dass er gar nicht mehr kommen kann, weil er überreizt ist. Hier ist also Fingerspitzengefühl gefragt. Jedenfalls ist es ein paar Versuche (es klappt eben nicht unbedingt beim ersten Anlauf) wert und die süßen Qualen, die er dabei erleidet, eröffnen Euch eine ganz neue Dimension des Liebesspiels. Eine Frau sollte es daher nicht als leidige Pflicht sehen „*Ihm einen runterzuholen*", sondern die Chance ergreifen ihm einen derart intensiven Orgasmus zu verschaffen, wie er ihn durch die eigene Hand oder beim normalen Rein-Raus kaum je erleben kann!

Schlittenfahren ohne Schnee

Eine Spielart, die „*richtigem Sex*" (also Geschlechtsverkehr) schon recht nahekommt und eine prima Vorübung für beide Seiten sein kann, ist „*Schlittenfahren*".

Dabei liegt der Mann auf dem Rücken, während die Frau auf seinem Schoß – also quasi in der Reiterstellung – sitzt bzw. über ihm kniet. Anstatt jedoch seinen Schwanz einzuführen, gleitet sie mit ihrer Muschi auf dem „*kleinen Chef*" ihres Partners vor und zurück und klemmt ihn dabei zwischen seinem

Bauch und ihrer Schamregion ein. Sollte durch vorangegangene Sexperimente noch nicht genügend Feuchtigkeit im Spiel sein, kann man ggf. mit ein wenig Gleitmittel nachhelfen.

Da der Schwanz des Mannes dadurch recht stark stimuliert wird, ist ein Orgasmus von ihm sehr wahrscheinlich und wenn sie den richtigen Winkel findet, dann kann auch die Frau durch diese Übung zum Höhepunkt kommen.

ACHTUNG! Da es dabei leicht vorkommen kann, dass bei dieser Übung sein Sperma den Weg in Deine Muschi findet, muss eine zuverlässige Verhütung sichergestellt sein! Kondome können durch das Schlittenfahren evtl. abgestreift werden, daher ist eine entsprechende Beaufsichtigung des „Gummis" notwendig!

Das Schlittenfahren ist eine prima Vorübung für den *„richtigen Verkehr"*, da es dann nur noch ein kleiner Schritt bis zum Einführen und der Penetration ist. Der Übergang von *„spielen und necken"* zu *„richtigem vögeln"* ist somit fließend und spielerisch statt ernst und verkrampft!

Oralverkehr für Anfänger und Fortgeschrittene

In den vorangegangenen Ausführungen habe ich ja beschrieben, dass man sich gegenseitig mit den Fingern eine Menge Lust bereiten kann und dass gerade für ein Mädchen die Chancen auf Befriedigung deutlich höher sind, als mit den eigentlich dafür vorgesehenen Organen.

Ein noch intensiveres und intimeres Erlebnis können sich zwei Menschen gegenseitig mit Zungen und Lippen verschaffen, was im Allgemeinen als *„Oralverkehr"* bezeichnet wird.

Der große Vorteil gegenüber dem Wichsen und Fingern ist, dass die Zärtlichkeiten viel feinfühliger dosiert werden können und sich auch der Erregungszustand des Partners meist besser erkennen lässt, als mit der Hand. Darüber hinaus bringt die Zunge die zumindest anfangs notwendige Feuchtigkeit gleich mit.

Oralsex ist die wahre Kunst!
Ficken können sogar die Affen!

R. Fahren

Warum beim Blasen kaum geblasen wird

Den Schwanz eines Mannes mit dem Mund zu verwöhnen könnte man mit dem lateinischen Wort Fellatio eindeutig beschreiben. Im Alltag wird dies als „*Blasen*" bezeichnet, wobei dieser Begriff teils missverstanden wird.

Angeblich soll der Ausdruck „*Blasen*" aus dem Slang der Jazz-Musiker der 40er Jahre stammen, die Fellatio als „*Die Flöte blasen*" umschrieben haben. Heute wie damals dreht es sich allerdings mehr um ein mal zartes und mal kräftiges Saugen – einem Mann Luft in die Harnröhre zu pusten ist ebenso schwierig wie unangenehm.

Viele Frauen lehnen es grundsätzlich ab, ihrem Partner dieses Vergnügen zu bereiten. Die Gründe dafür können dabei höchst unterschiedlicher Natur sein.

Manche Frauen finden es unhygienisch das Organ, welches ja auch zum Pinkeln benutzt wird, in den Mund zu nehmen und ekeln sich vor seinem *„Ding"*. Dies natürlich umso mehr, wenn er seinen *„kleinen Freund"* vorher nicht gründlich gewaschen hat, sich *„duftendes"* Smegma (auch als *„Eichelkäse"* bekannt) unter der Vorhaut gesammelt hat und sein Schwanz daher stinkt.

> *„Vom Geruch her hatte ich ihn mir größer vorgestellt!"*
>
> *Prostituierte zu ungewaschenem Kunden*

In diesem Fall kann ein gemeinsames Bad oder eine Dusche zu zweit mit gründlicher Reinigung die Hemmschwelle senken. Gleichzeitig sollte natürlich ein Junge, dem es vor der feuchten Spalte zwischen den Beinen seiner Partnerin graust, nicht erwarten, dass sich diese mit Begeisterung auf seinen Schwanz stürzt.

Es gibt Mädchen und Frauen, die das Blasen als erniedrigend empfinden und es deshalb ablehnen. Zahlreiche Pornofilme, in denen der Mann das *„Gesicht der Partnerin fickt"* und seinen Schwanz bis zum Anschlag in den Rachen der Schauspielerin rammt, bis diese zu würgen beginnt und mit den Augen rollt, haben dazu sicher ihren Teil beigetragen. Dass es sich dabei um eine recht extreme Darstellung von Fellatio handelt und die überwältigende Mehrheit der Paare dies deutlich zahmer und lustvoller praktiziert, wird dann mangels Vergleichsmöglichkeiten erst gar nicht in Betracht gezogen.

Manchmal wird diese Form des sexuellen Vergnügens als *„unnatürlich"* oder gar *„pervers"* empfunden, da sie ganz und gar dem Lustgewinn und in keiner Weise der Vermehrung dient. Gerade in streng religiösen Familien kommen solch wirre Gedanken hin und wieder vor. Aussagen wie „*Ein anständiges Mädchen macht so etwas nicht!*" sind typisch für diese Geisteshaltung und der Blowjob wird dann ausschließlich in der Arbeitswelt der Prostituierten verortet.

Wenn Du es als demütigend empfindest, seinen Schwanz in den Mund zu nehmen, dann solltest Du Dir erst einmal bewusstmachen, welcher Vertrauensbeweis dies ist. Schließlich hat er Dir sein wichtigstes und empfindlichstes Organ überantwortet – in einen Mund voller Zähne, die ihm unglaubliche Schmerzen zufügen könnten.

Das vielfach gehypte „*Deep Throat*" (wörtlich „*Tiefe Kehle*") – also den Schwanz der Partnerin bis zum Anschlag in die Kehle zu schieben (wofür diese ihren natürlichen Würgereiz überwinden muss) ist allerdings keineswegs Ziel und Krönung des Blasens! Viel wichtiger für einen lustvollen Blowjob sind vielmehr die Zusammenarbeit von Händen, Zunge und Lippen sowie die Leidenschaft und Begeisterung, mit dem dieser ausgeführt wird.

Eine Frau, die verhindern möchte, dass sein Schwanz zu tief in ihren Mund eindringt, selbst wenn der Partner unkontrolliert zu zucken beginnt, braucht seinen Penis lediglich mit der Faust am Schaft zu umfassen und festzuhalten. Damit stimuliert sie ihren Partner nicht nur, sie schafft gleichzeitig einen natürlichen Anschlag, welcher definiert, wie viel sie maximal aufnehmen möchte.

Jetzt kannst Du Dich - ohne Furcht unfreiwillig geknebelt zu werden - mit Zunge und Lippen der Eichel sowie dem Rest seines „*Gemächts*" widmen. Leidenschaftliches Saugen, kräftiges

Lecken, sanftes Knibbeln mit den Lippen, liebevolles Lutschen, sachtes auf die angefeuchteten Stellen pusten usw. kann Deinen Partner in den süßen Wahnsinn treiben. Seinen Schwanz mit den Lippen zu umschließen, etwas Unterdruck herzustellen und den Mund dann entlang des Schafts und der Eichel hin und her zu bewegen, dürfte bald vom Erfolg seiner Entladung gekrönt werden. Lediglich Deine Zähne solltest Du dabei aus dem Spiel lassen, denn sonst kann es recht schmerzhaft für Deinen Partner werden!

Dabei stellt sich dann wieder die Frage „*Wohin mit dem Segen?*". Dein Partner wird es fast immer besonders toll finden, wenn Du bezüglich seines Spermas keine Berührungsängste hast und den Liebessaft in Deinem Mund aufnimmst. Ob Du ihn dann schluckst oder gleich wieder ausspuckst, bleibt Dir überlassen. Wenn Du sein Sperma nicht im Mund haben magst, dann solltest Du das vor oder zumindest in einem möglichst frühen Stadium des Blasens ankündigen und ihn bitten, Dir rechtzeitig, bevor er kommt, Bescheid zu sagen.

Der Blowjob ist der Blumenstrauß für den Mann!

Verfasser unbekannt

Andererseits spricht nichts gegen die Aufnahme seiner „*Sahne*". Die Menge sind nur wenige Milliliter und passen meist in einen Teelöffel oder höchstens Esslöffel – am schieren Volumen wirst Du also nicht ersticken. Das Sperma eines gesunden Mannes ist gesundheitlich völlig unbedenklich – im Gegenteil:

Verschiedene Studien preisen Sperma gar bezüglich seiner wertvollen Inhaltsstoffe. Schwanger kannst Du durch Schlucken ohnehin nicht werden.

Der Geschmack ist im wahrsten Sinne Geschmackssache, aber keineswegs unerträglich. Wenn Du Sperma weniger lecker findest, Dein Freund sich jedoch jedes Mal enttäuscht gibt, wenn Du seine „*Gabe*" wieder ausspuckst, dann gib ihm beim nächsten Mal vor der Entsorgung einen leidenschaftlichen Zungenkuss – vielleicht kuriert ihn das. Eigentlich sollte sich ein Mann vor dem Kontakt mit seinen eigenen Körpersäften zwar nicht ekeln – aber auch das kommt gelegentlich vor. Es gibt Männer, die fragen im Internet nach, wie denn überhaupt Sperma schmeckt, anstatt davon einfach mal zu probieren – wo sie doch direkt an der Quelle sitzen!

Wenn Du mit einem Partner intim wirst, bei dem Du den genauen Gesundheitszustand nicht kennst, dann solltest Du dich möglichst zügig entscheiden, ob Du Schlucken oder Spucken möchtest. Eventuelle Bakterien oder Viren wirst Du so entweder direkt los – oder lässt sie von Deiner Magensäure erledigen. Behältst Du sein Ejakulat erst einmal ein Weilchen im Mund, bis Du Dich unauffällig ins Bad verdrücken kannst, dann wäre das diesbezüglich noch die riskanteste Variante.

Übrigens, auch wenn Du den Geschmack von Sperma nicht magst und dieses daher auch nicht schlucken möchtest: Wenn Du nach seinem Absch(l)uss nicht gleich hustest, rotzt und spuckst wie ein Seemann, wird das Dein Freund sicher zu schätzen wissen. Deponiere vorher ein paar Taschentücher oder eine Küchenpapierrolle in Reichweite und nutze diese, um den ungeliebten Saft halbwegs dezent zu entsorgen.

Squirting – wenn SIE mehr als feucht wird...

Wenn eine Frau mit den Fingern und/oder der Zunge stimuliert wird, dann stellt sich normalerweise eine gewisse Feuchtigkeit ein. Manchmal genügt schon ein Gedanke an den Geliebten oder ein leidenschaftlicher Kuss, damit das Höschen feucht wird. Den Frauen, die sich dafür schämen, dass sie *„vorschnell"* nass werden, sei an dieser Stelle gesagt, dass ein Mann dies normalerweise als Kompliment auffasst und dies keineswegs als *„eklig"* oder sonst auch nur ansatzweise als störend sehen wird!

Mutter Natur hat diese Feuchtigkeit als Schmiermittel für das Eindringen des Penis *„erfunden"*, denn ohne Schmierung wäre der Verkehr für beide Seiten eher unangenehm. Man sollte übrigens andererseits das Vorspiel auch nicht durch Gleitmittel ersetzen, selbst wenn in Online-Foren und im Freundeskreis dies gern als Garant für guten Sex empfohlen wird. Für wirklich guten Sex braucht es mehr als nur *„schmerzärmer zu sein"*!

Nun gibt es aber auch Frauen, die auf dem Höhepunkt ihrer Lust einen richtigen Schwall bzw. eine Fontäne an Flüssigkeit absondern. Besonders deutlich ist dies bei der Selbstbefriedigung, beim Lecken oder beim Fingern zu beobachten. Da kurz vorher die meisten ein Gefühl haben, als müssten sie pinkeln, denken viele Frauen (und auch mancher Mann), dass es sich bei dieser Flüssigkeit um versehentlich abgegebenen Urin handelt.

Dieser Saft hat allerdings mit Urin nur am Rande zu tun. Meiner Erfahrung nach ist es eine klare Flüssigkeit, die überhaupt nicht wie Urin riecht oder schmeckt (irgendwie erinnert mich der Geschmack an Kaffee) - obwohl ja angeblich ein Urin-Anteil enthalten sein soll.

Die abgegebene Menge fällt dabei höchst unterschiedlich aus. Manche Frauen spritzen nur ein paar Tröpfchen, während andere einen Quadratmeter Leintuch komplett benetzen können.

Die Wissenschaft ist sich noch nicht in allen Punkten einig, was die weibliche Ejakulation – oft als „*Squirting*" bezeichnet – angeht. Frauen, die squirten beschreiben den dabei erlebten Orgasmus meist als besonders intensiv. Andererseits freuen sich die meisten Männer darüber, dass die Partnerin einen echten Orgasmus erlebt, denn vortäuschen kann man Squirting nicht!

Wenn Du zu den Frauen gehörst, die squirten, dann solltest Du Deinen Partner ggf. vorwarnen und mit entsprechender Literatur[1] versorgen, damit er nicht erschrickt, wenn es dazu kommt. Da nicht jede Frau spritzt, kann es auch bei einem Liebhaber mit gewisser Vorerfahrung passieren, dass dieser im ersten Moment glaubt, Du hättest die Kontrolle über Deine Blase verloren ...

Versuche nicht Deinen Höhepunkt zu unterdrücken, weil Du Angst hast, dass Du „*das Bett versaust*" – lege ein paar Handtücher unter und lass' der Natur ihren Lauf!

Viele Frauen berichten, dass sie nur dann squirten, wenn ihr G-Punkt kräftig stimuliert wird, andere spritzen, auch wenn lediglich die Klitoris mit Zunge und/oder Finger verwöhnt wird.

Wenn Du beim Höhepunkt nicht spritzt, dann ist das kein Mangel und Du solltest auch nicht verkrampft versuchen dann

---

[1] https://de.wikipedia.org/wiki/Weibliche_Ejakulation

auf „*Teufel komm raus*" eine Fontäne zu produzieren, nur, weil womöglich eine Freundin erzählt, dass sie auf diese Weise ihren Höhepunkt erlebt.

Das „erste Mal"

Um den ersten Geschlechtsverkehr ranken sich unendliche Mythen und Legenden. In romantischer Verklärung werden diesem Ereignis dann geradezu magische Kräfte zugeschrieben. Vor allem für ein Mädchen ist die Entjungferung ein einschneidendes Erlebnis und viele sehen darin den Übergang vom Mädchen zu einer *„richtigen"* Frau, aber auch viele Jungs wähnen sich erst dann als *„ganzer Mann"*, wenn sie *„es getan"* haben.

Jungs sehen dem ersten Akt also zwar ebenfalls mit Aufregung entgegen – diese ist allerdings eher ihrer Ungeduld als der Tragweite des Ereignisses geschuldet. Für einen Jungen bringt der erste Sex keine körperliche Veränderung mit sich, er braucht keine Angst vor Schmerzen zu haben und sollte es versehentlich zu einer Schwangerschaft kommen, dann ist er nur indirekt betroffen. Daher sind junge Männer auch meist recht flexibel, wenn es darum geht, eine Partnerin für den ersten Sex zu finden. Auch wenn sie am liebsten mit ihrer Seelenverwandten ihre Premiere haben möchten, tut es zur Not auch eine flüchtige Bekannte, ein One-Night-Stand oder ein Bordellbesuch.

Oft sehen es Jungs nämlich als Makel an, wenn sie in einem gewissen Alter immer noch Jungfrau sind und im Freundeskreis womöglich gar der Einzige, der noch nicht mit seinen Bett-Erfahrungen angeben kann. Vom ersten Sex versprechen sich Jungs also vor allem einen kräftigen Schub für ihr Selbstbewusstsein, denn dann wissen sie *„wie es geht"* und fühlen sich sicherer im Umgang mit dem anderen Geschlecht.

Solche Gedanken treiben zwar auch so manches Mädchen um, allerdings weit seltener als bei den Jungs. Wenn während der Pubertät das Interesse am anderen Geschlecht erwacht, dann verspricht sich eine junge Frau meist auf *„den Richtigen"* zu warten und träumt von zärtlicher *„Verschmelzung"* mit dem *„Seelenverwandten"* während sie sich - begleitet vom Klang himmlischer Chöre - ihrem Traumprinzen auf seidenen Laken hingibt.

Es tut mir zwar leid, dass ich Dich an dieser Stelle auf den Boden der Realität zurückholen muss – aber die allermeisten Menschen berichten über eine deutliche Diskrepanz zwischen diesen romantischen Vorstellungen und den Umständen, unter denen sie ihr erstes Mal tatsächlich erlebt haben.

„Wir hatten Sex wie die Teenager: ER hatte keine Ahnung und ICH habe nichts gesagt."

Carrie in der TV-Serie »Sex and the City«

Statt sinnlich-romantisch-erotisch ist das erste Mal bei vielen eher bemüht-peinlich-verkrampft ausgefallen. Natürlich ist das *„erste Mal"* etwas *„Besonderes"*, bei dem man die Umstände und die beteiligten Personen sein Leben lang nicht vergisst – aber das ist auch so mit dem ersten Kuss, der ersten eigenen Wohnung, dem ersten Auto, dem ersten Urlaub ohne Eltern und so weiter. Dies bedeutet allerdings nicht, dass es der beste Kuss, die schönste Wohnung, das tollste Auto oder der spektakulärste Urlaub war!

Damit Du überwiegend schöne Erinnerungen an Dein erstes Mal zurückbehältst, solltest Du einen Schritt nach dem anderen gehen und ein paar allgemeine Regeln beachten, dann wirst Du gerne an dieses Ereignis zurückdenken.

Wo können wir „es tun"?

Eigentlich ist die Antwort für den richtigen Ort nicht schwer zu finden: Ein Plätzchen, wo es warm, gemütlich & romantisch ist – und ihr vor allem ungestört seid. Dabei sollte sich das *„ungestört"* nicht nur für ein paar Minuten sicherstellen lassen, denn für ein für beide Seiten erfüllendes Liebesspiel braucht man Zeit – am besten mehrere Stunden! Sein *„erstes Mal"* in die *„sturmfreie"* dreißig Minuten zu quetschen, in denen die Mutter den kleinen Bruder zum Fußballtraining fährt, ist keine gute Idee!

Gerade Teenager tun sich jedoch mit der Suche nach einer solchen Location schwer und daher finden viele erste sexuelle Gehversuche auf Toiletten, auf unbequemen Autositzen, in freier Natur, bei privaten Partys oder im heimischen Jugendzimmer statt, in die jede Sekunde ein neugieriges Familienmitglied platzen kann.

Natürlich kann es auch aufregend sein im dunklen Kino zu *„fummeln"*, auf einer Waldlichtung zu schmusen oder auf dem Rücksitz zu vögeln – aber gerade für Mädchen gilt, dass je unerfahrener dieses ist, umso schwerer fällt ihr, solche Aktionen zu genießen. Entspannung ist das Zauberwort und dies fällt in Situationen, wo jederzeit ein anderer Filmfan, ein Spaziergänger oder Ordnungshüter in die Intimitäten platzen kann, verständlicherweise mehr als schwer.

> **Sex im Kino ist nichts besonderes – bis man dich erwischt.**
>
> **Willy Meurer (deutsch-kanadischer Aphoristiker Jahrgang 1934)**

Viele Paare machen es sich selbst unnötig schwer, da sie sich nicht trauen mit ihren Eltern eine Abmachung für die Nutzung des eigenen Zimmers zu treffen – zum Beispiel das Recht dieses von innen abzuschließen. Natürlich reagieren nicht alle Eltern verständnisvoll, wenn das Kind, welches *„gestern noch im Sandkasten gespielt hat"* nun offensichtlich das Recht auf ungestörten Sex unter *„ihrem Dach"* einfordert – aber auch Eure Eltern waren einmal jung und wissen, dass sich immer ein Weg findet, wenn zwei Liebende es wollen.

Auch wenn in manchen Familien religiöser Wahn und veraltete moralische Werte die Ursache dafür sind, dass Eltern eine sexuelle Beziehung zu verhindern trachten, so ist doch in den meisten Fällen die Sorge darüber, dass der Nachwuchs an den falschen Partner gerät und/oder eine ungewollte Schwangerschaft die Zukunftspläne für die nächste Generation zunichtemacht.

Daher sollte der erste Freund oder die erste Freundin auch nicht mit der bloßen Ankündigung man wolle *„gefälligst nicht gestört werden"* mit nach Hause gebracht und möglichst zügig in das eigene Zimmer bugsiert werden. Vielmehr sollte man bereits im Vorfeld (also ohne Partner) mit den Eltern über

Verhütung und die damit verbundene Verantwortung gesprochen haben. Es zahlt sich aus dabei durchblicken lassen, dass man sich mit diesen Themen bereits eingehend beschäftigt sowie die notwendigen Schritte unternommen hat. (Das vorliegende Buch kann übrigens gut als Beleg dafür dienen…).

Als Nächstes sollte man die Eroberung auch offiziell der Familie vorstellen, denn wie schon bei den *„normalen"* Freunden, möchten Eltern gerne wissen, mit wem ihre Kinder ihre Zeit verbringen und sich ein Urteil über diesen Menschen bilden – auch wenn Eltern den potentiellen Schwiegersohn nicht immer als genauso *„sensationell"* betrachten, wie der Nachwuchs.

Wahrscheinlich ist Euch das peinlich – aber glaubt mir: Euren Eltern geht es ganz genau so! Irgendwann lacht ihr alle darüber, wenn ihr an Euer erstes Zusammentreffen zurückdenkt!

Wann ist der richtige Zeitpunkt?

Gerne wird verkündet, der richtige Zeitpunkt sei dann gekommen, wenn beide *„es wirklich wollen"* und *„dazu bereit sind"*. Das ist zwar grundsätzlich nicht falsch, aber was ist damit überhaupt gemeint?

Da – wie bereits beschrieben – Mutter Natur die Jungs dazu drängt ihr Erbgut großzügig weiterzugeben, würden diese oft am liebsten mit jeder halbwegs attraktiven Frau schlafen, die nicht schnell genug wegläuft. Daher haben es die jungen Männer mit dem ersten Sex vielfach deutlich eiliger, als die Mädchen. Da bei der Mehrheit der Paare das Mädel dann auch ein paar Jahre jünger ist, hat sie überraschend viel Verständnis und sieht sich womöglich genötigt diesem Drängen nachzugeben. Vor allem, wenn ihr Freund bereits schon einmal Sex hatte, befürchtet sie, er würde sich nicht allzu lange hinhalten lassen.

So lässt sie sich dann irgendwann zum ersten Mal überreden, um ihrem geliebten Partner etwas zu „*bieten*" und ihn dadurch zu halten. Dabei ist also nicht die Lust oder das Verlangen nach der körperlichen Vereinigung mit dem Geliebten der Antrieb, sondern die Befürchtung, dass er sich den Sex sonst bei einer anderen (wahrscheinlich Älteren) holt, die diesbezüglich weniger „*verklemmt*" oder „*prüde*" ist.

Das erste Mal zu planen, weil man sich „*verpflichtet*" fühlt und glaubt, dies sei notwendig, um den Partner beschwichtigen, ist keine gute Voraussetzung, um dieses Ereignis entspannt und lustvoll zu erleben! Sex hat für eine Frau sehr viel mit Vertrauen in den Partner zu tun – und DAS muss sich ihr Geliebter erst einmal verdienen!

Ein anderer Weg, um unnötig Druck aufzubauen, ist ein Datum für das erste Mal festzulegen, weil es dann gerade „*günstig*" ist. Es gibt Jungs, die halten es für „*romantisch*" ihr die Entjungferung zum demnächst anstehenden Geburtstag zu schenken und Paare, die einen Tag, an dem sie „*sturmfreie Bude*" haben oder eine gemeinsame Klassenfahrt antreten werden, unbedingt „*richtig ausnutzen*" wollen.

Völlig auf die Spitze treiben es Online-Bekanntschaften, die glauben sich gut genug zu kennen, dass sie für ihr erstes Treffen in der realen Welt auch gleich den ersten Sex einplanen (damit sich die weite Anreise der Online-Eroberung lohnt)! Auch das ist keine gute Strategie, denn der „*richtige Zeitpunkt*" sollte nicht durch den Kalender definiert werden, sondern ein

Meilenstein an dem Weg sein, den das Paar gemeinsam erkundet! Für die Geschwindigkeit, in der dies geschieht, gibt es keine Regeln – das ist von Paar zu Paar verschieden und hängt von vielen Faktoren ab. Dazu gehört, wie lange man sich schon kennt, welche Vorerfahrungen die Beiden gemacht haben, wie häufig man sich sieht, wie oft man ungestört sein kann, wie alt die Beteiligten sind – und natürlich von deren individueller Persönlichkeit.

Der Versuch, auf diesem Weg irgendwelche Abkürzungen zu nehmen, führt meist zu steinigen Umwegen und schlechter Stimmung. Wichtig ist einen Schritt nach dem anderen zu gehen – dann wird es ein aufregender Spaziergang mit vielen spektakulären Stationen.

Es gibt Paare, die planen bereits ihr *„erstes Mal"* – haben sich zuvor allerdings bislang noch nie nackt gesehen! So belasten sie dieses Ereignis zusätzlich mit Gedanken wie *„Was ist, wenn ihm meine Brüste nicht gefallen?"* und so weiter. SO kann man sich nicht wohl fühlen.

Wenn ihr es also noch nicht gemacht habt, dann erkundet erst einmal ein Weilchen gegenseitig Eure Körper - gerade bei der ersten Beziehung kann es Wochen und Monate dauern, bis man sich langsam *"vorgearbeitet"* hat! Wann der *"richtige Zeitpunkt"* ist, werdet ihr dann merken. Wenn beide das Gefühl haben *„Jetzt könnte es eigentlich gehen"*, dann ist das noch nicht wirklich ein gutes Zeichen – ein *„Ich möchte ihm unbedingt NOCH näher sein, als bei allem, was wir bisher gemacht haben…"* schon eher!

Guter Sex muss ja auch nicht gleich bedeuten, dass ER seinen *"kleinen Freund"* möglichst schnell in Dich steckt - man kann sehr viel (und Frauen oft mehr) Spaß zusammen haben, wenn man Hände und Zungen geschickt einsetzt. Solltest Du also die vorigen Kapitel übersprungen haben, dann blättere bitte JETZT dorthin zurück!

Mädchen haben ja hauptsächlich Angst vor Schmerzen, während sich die Jungs Sorgen machen, ob sie lange genug durchhalten und hoffen, dass sie sich nicht blamieren. Die gefürchteten Schmerzen beim „*ersten Mal*" werden ja in der Regel dem Reißen des Jungfernhäutchens zugeschrieben und gedanklich mit einer Menge Blut in Verbindung gebracht.

Die Schmerzen, von denen so manche Ex-Jungfrau berichten kann, kommen allerdings meist daher, dass die Frau nicht feucht und vor allem nicht entspannt genug war. Das Jungfernhäutchen beim ersten Mal ist nur ein kleiner Teil des "*Problems*" und dessen Reißen wird meist nur als ein kurzes „*Ziehen*" empfunden und auch die dabei ggf. eintretende Blutung ist weit weniger dramatisch, als von den meisten befürchtet. Viele Frauen bluten sogar überhaupt nicht! Ein nicht rechtzeitig gewechselter Tampon sorgt da jedenfalls leicht für größere „*Sauerei*".

Der wichtigste Punkt ist, dass auch Dein Unterbewusstsein bereit ist, sich für den Mann zu öffnen, denn wenn Du (unbewusst) verkrampfst, dann ist ein Eindringen nur unter Schmerzen möglich. Bloßes Reden („*Du musst Dich entspannen!*") ist zwecklos, denn die verkrampften Muskeln mit purer Willenskraft zu entkrampfen funktioniert nicht! Das ist ungefähr so, als würdest Du versuchen durch bloße Willensanstrengung eine Gänsehaut zu bekommen. Noch schlimmer ist mit der Strategie „*Augen zu und durch...*" zu versuchen ihre Verkrampfung mit Gewalt zu beseitigen und anzunehmen „*es ist ganz normal, dass es beim ersten Mal weh tut...*" – denn die Angst vor den so erlittenen Schmerzen wird dafür sorgen, dass Du Dich beim nächsten Mal erst recht verkrampfst und es Dir umso unmöglicher machen, Sex als etwas Angenehmes zu empfinden!

Wie gehen wir „es" richtig an?

Auf die Gefahr hin durch ständige Wiederholung zu langweilen: Vergesst, was ihr glaubt aus Pornofilmen gelernt zu haben – darauf kann man gar nicht oft genug hinweisen! Das Problem bei Pornos ist, dass hier der Eindruck vermittelt wird, man müsse nur IRGENDETWAS in IRGENDWELCHE Körperöffnungen einer Frau stecken, damit diese in totale Ekstase versetzt wird.

Verwöhnt Euch gegenseitig und glaubt nicht, ihr müsstet jetzt schnellstens Verkehr haben, nur *"weil das alle machen"*!

Bevor Ihr nicht in der Lage seid, Euch gegenseitig zuverlässig mit Händen und/oder Zungen zum Orgasmus zu bringen, ist es für Verkehr noch zu früh!

Die zuverlässigste Methode, um einer Frau enormen Spaß im Bett und einen Höhepunkt zu bescheren, ist das LECKEN, ansonsten klappt es natürlich auch mit den Fingern ganz gut. Voraussetzung ist, dass der Mann weiß, was er zu tun hat bzw. sich da in Ruhe herantastet und dies nicht nur als ein notwendiges Übel sieht, um sie feucht genug zu machen, um endlich *sein "Ding wegstecken"* zu können. Wenn ihr noch nicht in der Lage seid, Euren Partner mit der Hand bzw. dem Mund zum Orgasmus zu bringen, dann solltet ihr davon ausgehen, dass dies beim Verkehr erst recht nicht funktionieren wird und beim „*ersten Mal*" schon mal gar nicht!

Wenn Du mal eine Wasserrutsche ohne Bewässerung hinuntergerutscht bist, dann weißt Du, warum Vorspiel so wichtig ist!

Statt also nach dem Motto *„Beim Verkehr wird es dann schon klappen..."* möglichst schnell auf das erste Mal hinzuarbeiten, solltet ihr nochmal zu den Kapiteln über Lecken, Blasen, Fingern und Handjob zurückblättern!

Denkt 'dran: Oralverkehr ist die wahre Kunst - denn ficken können sogar die Affen!

Eine gute Strategie ist (auch später noch) *„Ladies First"* – d.h. erst nachdem er Dich zum Orgasmus geleckt bzw. gefingert hat, ist der Verkehr an der Reihe. Nach Deinem Höhepunkt solltest Du nicht nur feucht, sondern auch entspannt genug sein, dass er schmerzfrei in Dich eindringen kann. Kurz vor oder auch nach dem Orgasmus haben die meisten Frauen das Bedürfnis ihn in sich zu spüren - dann könnt ihr den nächsten Schritt angehen.

Es gibt allerdings Frauen, die nach ihrem Höhepunkt erst einmal überempfindlich sind und für einige Minuten keine Berührung rund um den Kitzler mehr ertragen. DAS solltet Ihr jedoch bereits bei den vorangegangenen Sexperimenten herausgefunden haben und Euch jetzt danach richten. Da man auf viele weitere Art und Weise Zärtlichkeiten austauschen kann, bis sich ihre Überreizung wieder etwas gelegt hat, sollte Euch bis dahin nicht langweilig werden!

Da bei einer Frau die Erregungskurve nach dem Orgasmus nur langsam wieder abklingt, hast Du gute Chancen beim anschließenden Verkehr den einen oder anderen zusätzlichen Höhepunkt zu erreichen.

Wie geht „Verkehr"?

Wenn ihr mit dem Vorspiel „*durch*" seid, dann findet sich früher oder später sein Schwanz in Deiner Muschi wieder. Keine Panik, wenn das Einführen nicht auf Anhieb funktioniert. Die richtige Stelle zu treffen, sich zwischen den Schamlippen hindurch zu tasten (hier hilft reichlich Feuchtigkeit) und dann endlich einzudringen.

Wenn es damit nicht auf Anhieb klappt, dann lacht zusammen, probiert, experimentiert und macht Euch nicht verrückt! Niemand erwartet, dass ihr beim ersten Mal gleich routiniert losvögelt! Ihr bekommt keine Noten und wenn ihr vor lauter Lachen nicht weitermachen könnt oder sein „*kleiner Chef*" wieder „*umfällt*", dann nehmt ihr eben in einer Stunde oder morgen einen neuen Anlauf – was soll's?

Früher oder später ist „*er dann drin*" – und jetzt?! Bewegt Euch, wie es sich für Euch gut anfühlt. Das können raus und rein Bewegungen sein, ein vor- und zurückgleiten, kreisen mit dem Becken und so weiter. Euer Urinstinkt wird Euch leiten! In der Regel beginnt man langsam und wird dann nach und nach schneller. Ziel ist allerdings nicht das „*so schnell wie möglich*" – Ihr seid auf dem Spielplatz und nicht auf der Rennstrecke!

Wundert Euch nicht, dass ein Junge beim ersten Mal eventuell schon nach ein paar Sekunden kommt – das ist nicht ungewöhnlich und durchaus verständlich. Vergnügt Euch in der Zwischenzeit mit Händen und Zungen, denn meist ist er schon bald wieder fit für einen neuen Anlauf.

Achte auf die Signale Deines Partners und wenn er das Gesicht verzieht oder verdächtige Laute von sich gibt, dann kann man ruhig mal nachfragen: „*(Wie) habe ich Dir weh getan?*".

Du wirst sehen: Es ist einfacher, als Du denkst und wird sich nach ein paar Sekunden ganz natürlich anfühlen und Du wirst am liebsten ewig damit weitermachen wollen ...

Welche Stellung sollten wir nutzen?

Zunächst einmal denken ja viele an die „*klassische*" Missionarsstellung – d.h. Du liegst auf dem Rücken, Dein Lover auf bzw. über Dir, während er sich auf den Armen abstützt und in Dich stößt.

Dabei hast allerdings nur Du die Hände frei, kannst aber zum eigentlichen Akt wenig beitragen, da die Kontrolle über Zeitpunkt, Stärke und Geschwindigkeit der Stöße praktisch ausschließlich in seinen Händen (bzw. Lenden) liegt, während Du relativ hilf- und schutzlos unter ihm gefangen bist. Der Vorteil ist zwar, dass man sich sehr nahe ist, sich ansehen und küssen kann – aber für den ersten Verkehr gibt es bessere Alternativen!

Die Reiterstellung (also Du sitzt auf ihm) gibt DIR die Möglichkeit Zeitpunkt, Geschwindigkeit und Tiefe des Eindringens selbst zu bestimmen, anstatt nur hilflos unter ihm zu liegen, was wesentlich zu Deiner Entspannung beiträgt. In dieser Position kannst Du selbst steuern, wann Du wie viel von ihm gerade „*erträgst*", während Du gleichzeitig die Hände frei hast, um seinen Schwanz lenken und (ein)führen zu können. Für

Ihn hat diese Stellung den Vorteil, dass er Dich betrachten kann und statt sich auf die langsam erlahmenden Arme zu stützen, hat er die Hände frei und kann sich damit um den Rest Deines Körpers kümmern. Nach Herzenslust kann er Deine Brüste oder den Po verwöhnen, seine Finger in Deinen verschränken, Dich stützen und so weiter.

Das bereits beschriebene „*Schlittenfahren*" ist dafür eine prima Vorübung. Gleichzeitig hast Du bei der Reiterstellung die Möglichkeit Deinen Kitzler am Schambein des Mannes zu reiben, was für Dich eine der besten Chancen bietet, auch beim Verkehr einen Orgasmus zu bekommen. Bei den meisten anderen Stellungen wird Deine Klitoris nämlich kaum stimuliert, was erklärt, warum viele Frauen beim „*Guten alten Rein-Raus-Spiel*" noch nie gekommen sind.

Wenn Dir bei Euren Sexperimenten etwas unangenehm ist oder gar weh tut, dann solltest Du das gleich sagen - "*Zähne zusammenbeißen und durch...*" ist keine gute Strategie! Redet miteinander, experimentiert und habt Spaß! Denkt dran: Ihr werdet nicht benotet und müsst Euch vor niemandem rechtfertigen, was ihr getan oder gelassen habt! Wenn es diesmal bei ein paar Trockenübungen und halbherzigen Versuchen geblieben ist, weil Dir plötzlich etwas weh getan hat oder er auf einmal „*umgefallen*" ist, dann ist das nicht schlimm – ihr habt alle Zeit der Welt und beim nächsten Anlauf seid ihr schon ein bisschen erfahrener! Erfahrung ist schließlich die Summe der Fehler, die man selbst gemacht hat!

An dieser Stelle sei nochmals an die Verhütung erinnert, denn ist die Schwangerschaftsverhütung nicht vernünftig geregelt, kannst Du kaum entspannen, was dann wieder zu den eingangs beschriebenen Problemen führt - von der emotionalen Achterbahn *"danach"* gar nicht zu reden ...

Zum Schluss nochmal ein wichtiger Hinweis speziell für DICH: Viele junge Frauen sorgen sich beim ersten Mal vor allem, ob sie den Erwartungen ihres Partners gerecht werden und ob es IHM gefällt, was sie da machen. Das ist zwar lieb gemeint – aber ganz ehrlich: Wir Männer sind diesbezüglich äußerst pflegeleicht. Er wird es bestimmt alleine schon toll finden, dass ihr es versucht und beim ersten Anlauf wird es in den allermeisten Fällen ohnehin keine allzu lange Nummer, denn auch er ist aufgeregt, was meist dafür sorgt, dass er schon bald kommt. Daher werdet ihr keine Zeit finden, um die Feinheiten der Stellungsakrobatik auszuloten.

Ich habe noch nie gehört, dass ein Junge, der zum ersten Mal Sex mit seiner Partnerin hatte, hinterher gesagt hat *„Da sie nicht abgegangen ist wie eine Pornodarstellerin, sondern sehr vorsichtig und fast schön ängstlich war, werde ich mich wohl besser von ihr trennen..."*! Es hat sich inzwischen herumgesprochen, dass das erste Mal nicht der Maßstab für den Sex zwischen zwei Menschen ist.

Erektionsstörungen – wenn ER nicht „kann"

Tja - auch wenn wir Männer es nicht gerne zugeben - aber unser *"kleiner Chef"* ist manchmal ganz schön launisch. Ein Mann muss entspannt sein, um die Schwellkörper des Penis mit Blut zu füllen, Aufregung, Druck, Anspannung, Stress, blöde Gedanken (*„hoffentlich mache ich alles richtig!"*, *"hoffentlich klappt es diesmal..."*, *"hoffentlich halte ich lang genug durch..."*, *"sie lacht bestimmt weil er krumm ist..."*) genügen und schon lässt einen das Teil im Stich - auch wenn er sich nach außen cool und lässig gibt!

Gerade beim ersten Mal hat er Stress und Druck, wie noch nie zuvor, (vor allem, wenn man sich zuvor nicht schon ausführlich miteinander beschäftigt hat), so dass es nicht verwunderlich ist, wenn ihn sein *„kleiner Chef"* dann im Stich lässt.

Du darfst in einem solchen Moment auch keinesfalls die Schuld bei Dir suchen, indem Du beispielsweise annimmst, dass Du Deinem Lover nicht gefällst oder er Dich nicht wirklich liebt! Das Gegenteil kann die Ursache sein, denn womöglich findet er Dich derart umwerfend, dass er sich (unbewusst) fragt, ob er Dir denn überhaupt gerecht werden kann – und schon war es das, mit seiner Erektion!

Leider treten solche „Fehlschläge" gerne in Serie auf, denn endet eine Session, bei der er „nicht konnte" frustrierend, dann geht der Mann mit gewissem Ballast in das nächste Mal. Dann verhindern die Erinnerung an das letzte *"Versagen"* und die langsam aufkommende Panik erst recht, dass es noch etwas wird. Das ist keine Sache der Konzentration, bei der er sich

„einfach mehr anstrengen" muss. Erzwingen kann man eine Erektion nicht und selbst Wundermedikamente, wie das berühmte Viagra, müssen vor dem selbstgemachten Stress kapitulieren!

Wenn seine Erektion zusammenfällt, muss Ziel sein, ihm den Druck zu nehmen und statt weiter zu versuchen unbedingt seinen Schwanz steif zu bekommen und einzuführen, stattdessen mit schmusen, streicheln, lecken, blasen usw. weiterzumachen. Zeige ihm erstmal, wie er Dich mit Zunge und Finger zum Orgasmus bringt - dann bis Du schon mal richtig vorbereitet, sobald er dann wieder soweit ist. Eine Frau unter sich zu spüren, die bis unter die Haarspitzen erregt ist, ist ohnehin das beste Potenzmittel. Je mehr er abgelenkt ist, umso leichter kommt seine Erektion zurück. Beim nächsten Mal hilft dann die Erinnerung an das letzte Erfolgserlebnis, das es wieder funktioniert. Damit ist die *"Phase"* dann beendet, auch wenn es vereinzelt noch zu Rückschlägen kommen kann.

Wenn er nur eine Hawaii-Latte (lautmalerisch aus *„halb weich"* abgeleitet) bekommt, kannst Du versuchen seinen Freudenstab mit dem Mund zu verwöhnen - das funktioniert oft überraschend gut. Wenn er noch unerfahren ist und ihr diese Übung vorher noch nicht gemeinsam praktiziert habt, kann es dann allerdings schneller zu seinem Höhepunkt kommen, als Dir vielleicht lieb ist ...

Wo bleibt mein Orgasmus?

In unserer viel gescholtenen „*Leistungsgesellschaft*" haben viele den Ehrgeiz es auch im Bett stets „*richtig*" zu machen – und dazu gehört nach dem Verständnis der Meisten auch, dass alle Beteiligten einen Orgasmus haben. Es ist grundsätzlich ja eine gute Idee, dass beide Seiten ihren Spaß haben sollen, der Begriff „*Höhepunkt*" kommt ja nicht von ungefähr, aber man darf es auch nicht übertreiben und gleich ein Drama daraus machen, wenn es einmal nicht klappt, denn schon der Versuch kann eine Menge Spaß bereiten!

In einem solchen Fall sollte man nichts erzwingen und sich daran erinnern, dass beim Sex ja der Weg das Ziel ist und die wenigen Sekunden des Orgasmus ja nur ein kleiner Bestandteil des Liebesspiels sind. Sex ist kein Sprung von der Ski-Schanze, wo es nach dem verpatzen Absprung kein Zurück mehr gibt und es gibt auch keine Punktrichter, die eine Wertung abgeben. Solange alle Beteiligten Spaß dabei haben, könnt ihr beliebig viele Anläufe, Umwege und Varianten ausprobieren – vorausgesetzt ihr habt für den richtigen Ort und genügend Zeit gesorgt!

Wie erkennt man einen Orgasmus?

Bei Jungs ist das relativ einfach: Wenn aus seiner Eichel Sperma spritzt (oder läuft – es muss nicht immer meterweit spritzen!), dann ist er gekommen. Es kann zwar – vor allem nach mehreren erfolgreichen Runden – auch zu einem „*trockenen Orgasmus*" kommen, bei dem kein Sperma mehr austritt, aber das ist eher selten der Fall.

Wenn Du Dich als Mädchen fragst, ob Du wohl schon einmal gekommen bist, dann hattest Du wahrscheinlich noch keinen. Normalerweise bemerkt man einen Orgasmus schon recht deutlich. Den Höhepunkt kannst Du Dir als zunehmende Anspannung vorstellen, die sich dann in einem Mal – teils in mehreren Schüben – plötzlich löst. Ob Du dabei nur ein sehr wohliges Gefühl verspürst oder es Deinen ganzen Körper aufbäumt, hängt von Deiner Persönlichkeit und den Umständen ab. Ein Orgasmus ist auch nicht immer gleich intensiv und kann sich bei der Selbstbefriedigung anders anfühlen, als wenn ein geliebter Mensch Dich dazu bringt.

Wenn ER nicht kommt

Wenn „*es*" bei einem Jungen nicht so richtig „*klappt*", dann ist meist die Aufregung schuld, wenn sein „*kleiner Freund*" nicht will, wie er möchte. Wie gerade beschrieben, muss auch ein Mann zu einem gewissen Grad entspannt sein, damit es beim Sex „*funktioniert*". Speziell bei den ersten Sexperimenten kommt es vor, dass der Junge dann entweder erst gar keine Erektion bekommt, diese unvermittelt wieder in sich zusammenfällt – oder aber er schneller als gedacht (und gewollt) zum Orgasmus kommt und abspritzt. Anfangs kann es schon beim Überstreifen des Kondoms passieren, dass sein Erguss die Bemühungen für vorläufig beendet erklärt.

Ein anderes Mal kann aber auch genau das Gegenteil der Fall sein! Manchmal steht der Schwanz „*wie eine Eins*", aber trotz ausdauernder und anstrengender Bemühungen mit Verkehr, Hand und Mund wird er einfach nicht „*fertig*". Je verzweifelter der Junge dann versucht, doch noch abzuspritzen, umso schwieriger kann es werden.

Eine der wichtigsten Grundsätze beim Sex ist, miteinander offen zu kommunizieren und Feedback zu geben, was und wie es einem gefällt. Vielleicht bist Du zu vorsichtig mit seinem Schwanz und packst ihn nicht so fest, wie er es mag? Vielleicht machst Du mehr Melk- als Wichsbewegungen? Vielleicht braucht er es schneller?

Am einfachsten ist, er zeigt Dir am *„lebenden Objekt"* wie er zum Orgasmus kommt, indem er sich vor Dir selbst befriedigt – dies ist besser und unterhaltsamer als mit theoretischen Erklärungen herumzudrucksen. Oft klappt es dann doch noch – sobald er *„die Sache"* selbst in die Hand nimmt. Du solltest dies nicht als Vorwurf auffassen, Du hättest etwas falsch gemacht – er kennt sich nun einmal selbst am besten und kann auch meist wirklich nicht besser beschreiben, was Du anders machen solltest.

Statt also zu schmollen, weil er *„Deinen Job macht"*, solltest Du ihn stattdessen besser liebkosen, küssen, ihm Deine Brüste zum Verwöhnen anbieten usw. Beim nächsten Mal ist die Situation womöglich anders herum und Du musst *„fertig machen"*, was dann wiederum ihm nicht unangenehm sein sollte.

Wann kommt SIE? ER ist schon da!

Beim direkten Vergleich der Geschlechter ist es meist so, dass Jungs bis auf seltene Ausnahmefälle fast immer zum Orgasmus kommen: Beim Verkehr, beim Blasen, bei einem Handjob oder sogar beim Trockensex. Ein Mädchen zum Höhepunkt zu bringen ist da schon eine etwas größere Herausforderung.

Manchmal weiß auch eine junge Frau nicht, wie sich ein Orgasmus überhaupt anfühlt, da sie sich noch nie selbst befriedigt hat, was sich wiederum die meisten Jungs gar nicht vorstellen können.

Wenn ein Mädchen bei den ersten Sexperimenten keinen Orgasmus bekommt, dann liegt es meist daran, dass falsche Vorstellungen und mangelnde Erfahrung aufeinandertreffen. Sollte sie dann unangemessen reagieren, dann sorgt sie womöglich sogar aus Versehen dafür, dass dies die nächsten Jahre so bleibt.

Junge Männer haben ja – wie bereits besprochen – oft eine gewisse „*Reinsteck-Fixierung*" entwickelt und versuchen daher irgendetwas, beispielsweise die Finger, möglichst bald, möglichst tief in die Partnerin zu stecken und – sollte die Begeisterung ausbleiben – so schnell wie möglich damit zu stochern. Wenn dann die Besitzerin des so geplagten Organs dann vor Schmerzen mit den Augen rollt, zuckt oder stöhnt, dann hält ihr Liebhaber dies womöglich für ein gutes Zeichen und intensiviert seine Bemühungen noch – was ihren Orgasmus dann in umso weitere Ferne rücken lässt ...

Wenn sich der Mann dann endlich am Ziel wähnt und seinen Schwanz in die (wie er glaubt) optimal vorbereitete Partnerin steckt, geht er endgültig davon aus, dass ihre Lust kaum noch zu steigern ist. Nach wenigen Minuten rhythmischer Gymnastik steuert er dem eigenen Höhepunkt entgegen, was in der Regel auch das Ende seiner Bemühungen bedeutet.

Selbst auf Nachfrage, wie es ihnen denn gefallen hätte und ob sie gekommen seien, loben viele Frauen noch die Aktionen ihres Freundes – entweder, weil sie ihn nicht enttäuschen möchten oder weil sie selbst der Meinung sind, es hätte ihnen eigentlich gefallen müssen – ganz wie im Porno. Dies gilt umso mehr, wenn er sich sichtlich bemüht, möglichst lange durchzuhalten, damit auch die Partnerin auf ihre Kosten kommt. Durch die stundenlangen Sessions der Erwachsenenfilme, welche er als Vorbild nimmt, geht er davon aus, dass die Dauer der Penetration der entscheidende Faktor ist.

Wichtig ist, stets mit offenen Karten zu spielen und Deinen Partner wissen zu lassen, dass Du (noch) nicht gekommen bist! Beim *"guten alten Rein-Raus-Spiel"* kommen - wie mehrfach erwähnt - nur die wenigsten Frauen regelmäßig zum Höhepunkt. Die Klitoris ist für das Vergnügen der Frau der Schlüssel – und diese wird bei den meisten Stellungen kaum oder gar nicht stimuliert. Viele Partnerinnen heucheln trotzdem Begeisterung über sein Tun und täuschen einen Orgasmus vor, da sie ihm schmeicheln wollen - und er sieht dann natürlich beim nächsten Mal keinerlei Veranlassung etwas zu ändern - schon dreht sich der bereits erwähnte Teufelskreis wieder ...

Wenn Du in diese Falle bereits getappt bist, dann ist es natürlich schwierig, nach Monaten oder Jahren plötzlich damit herauszurücken, dass Du noch nie gekommen bist. Ein *"Lass uns heute mal etwas Anderes probieren..."* ist hier diplomatischer.

Ein guter Anfang ist, sich selbst erst einmal besser kennenzulernen, indem Du ausprobierst, was Dir wie guttut. Viele Frauen genießen den Wasserstrahl aus der Brause in der Badewanne, andere nutzen Spielzeuge wie Vibratoren oder wissen wo sich ein Kissen oder ein Finger besonders gut anfühlt. Diese Erfahrungen kannst Du dann Deinem Partner weitergeben.

Beim Verkehr habt ihr die besten Chancen, wenn Du auf ihm reitest und dabei ein Hohlkreuz machst, damit Du Deinen

Kitzler an seinem Schambein reiben kannst. Viele Frauen empfinden es als angenehm, wenn der Mann dort nicht rasiert ist. Natürlich kannst Du Dich beim Verkehr auch selbst mit der Hand um den Kitzler kümmern - aber von Cunnilingus hast Du sicher mehr:

Die zuverlässigste Möglichkeit, um eine Frau zum Höhepunkt zu bringen, ist meiner Erfahrung nach das Lecken - wenn der Mann weiß, was er zu tun hat bzw. die Frau zu erkennen gibt, was ihr gefällt. Hier bist Du mit konkreten Anweisungen gefragt - die meisten Jungs versuchen anfangs hauptsächlich die Zunge *"reinzustecken"*, was allerdings vergebene Liebesmüh' ist. Dasselbe Problem haben viele beim *"Fingern"*: Während das Mädchen eigentlich am Kitzler verwöhnt werden möchte, probiert er wie viele Finger *"reinpassen"* und wie weit.

Sag' wo es sich für Dich am besten anfühlt und scheue Dich nicht zu korrigieren (*"Weiter oben"*, *"schneller"*, *"langsamer"*, *"nicht so fest"*, *"pass auf Deine Zähne auf..."* usw.) - Deinem Partner fehlt das entsprechende Organ und er kann nur von Dir lernen, wie es am Schönsten ist!

Am besten ist, Ihr praktiziert *"Ladies first"* - d.h. erst nachdem er Dich mit Zunge und/oder Fingern zum Orgasmus gebracht hat, kommt der eigentliche Verkehr. Damit habt ihr alle beide Euren Spaß und niemand bleibt auf der Strecke. Das scheinbare Ideal *"gleichzeitig"* und *"beim Verkehr"* zu kommen, sorgt ohnehin für viel zu viel Stress bei der Sache und muss auch nicht unbedingt schöner sein! Du hast allerdings gute Chancen, beim anschließenden Verkehr das eine oder andere zusätzliche Mal zum Höhepunkt zu kommen, da Du auf dem bereits erreichten und nur langsam absinkenden Erregungslevel aufbauen kannst.

Universal-Rezepte mit Erfolgsgarantie für den weiblichen Orgasmus gibt es trotzdem nicht, denn das wichtigste Sexualorgan einer Frau sitzt nicht zwischen den **Beinen**, sondern zwischen den **Ohren**. Ich selbst habe erlebt, dass eine Frau bereits durch einen Zungenkuss einen Orgasmus hatte – während wir beide noch vollständig bekleidet im Zimmer standen!

Wenn Du allerdings den Kopf nicht frei hast oder Dich verkrampfst (z.B., weil Du unbedingt *"richtig vaginal"* kommen willst) wird das nix! Wie bereits beschrieben, ist das Bohei um die verschiedenen Orgasmen (klitoral/vaginal) ohnehin überflüssig, da die Klitoris ja nicht nur aus der sichtbaren Klitoriseichel (die allerdings auch nicht alle Männer finden) besteht, sondern weit in den Körper hineinreicht und somit die Klitoris stets für den Höhepunkt die Hauptverantwortung trägt.

Die eigentliche Herausforderung ist allerdings nicht, die Frau zum Orgasmus zu bringen, denn das ist mit etwas Erfahrung kein Problem. Stattdessen gilt es, die Spannung entsprechend langsam aufzubauen, sie hinzuhalten und den Höhepunkt hinauszuzögern indem man im entscheidenden Moment einen Gang herunterschaltet und sie erst dann kommen zu LASSEN, wenn Sie kurz vorm Durchdrehen ist ...

Durch diesen Ansatz rückt auch mehr die gemeinsam erlebte Lust in den Fokus Eurer Bemühungen, als das Abarbeiten von gymnastischen Übungen.

Warum wird ein Mann nach dem Orgasmus müde?

Normalerweise sind Männer, nachdem sie ihren Orgasmus hatten, kaum mehr für etwas zu gebrauchen. Sie fühlen sich müde und möchten am liebsten einschlafen. Während der besonders aufregenden ersten Sexperimente ist dieses Phänomen zwar noch nicht zu beobachten, aber, wenn man erst einmal ein Weilchen zusammen ist und womöglich sogar die Nächte gemeinsam verbringen kann, durchaus üblich.

Sex kann – gerade für einen Mann – ja auch körperlich recht anstrengend sein, was eine notwendige Erholung nach seinem *„Sprint"* logisch erscheinen lässt. Allerdings wird er nach dem Orgasmus auch von Hormonen überschwemmt, die ein Schläfchen äußerst verlockend erscheinen lassen.

Vermutlich hat „*Mutter Natur"* dies absichtlich eingerichtet, damit ein Mann, der die Gelegenheit zum Verkehr (und damit zur Vermehrung) hat, sich und seine Partnerin nicht wund vögelt. Das Ziel der (versuchten) Befruchtung ist ja bereits erreicht und eine zweite Runde mit derselben Partnerin ist aus biologischer Sicht wenig sinnvoll.

Die kluge Frau baut daher vor und setzt durch, dass sie bereits vor seinem Orgasmus auf ihre Kosten gekommen ist – vor allem durch das bereits mehrfach erwähnte „*Ladies first"*-Prinzip.

An dieser Stelle sei noch der Hinweis gestattet, dass es natürlich keine festen Regeln gibt, wie Sex zwischen zwei Menschen abzulaufen hat. Es spricht nichts dagegen, dass auch mal er zuerst kommt, sich dann um Dich kümmert und ihr Beiden anschließend wieder von vorne beginnt. Gerade bei den ersten Sexperimenten machen Verliebte ja stundenlang nichts anderes. Wenn sich dann allerdings irgendwann ein Ritual für den Sex eingeschliffen hat, wie *„Er fummelt an Dir herum, bis Du feucht genug zum Eindringen ist, vögelt Dich dann ein paar Minuten, bis er kommt, wälzt sich von Dir herunter und schläft dann selig ein"* wird Dich mit der Zeit frustriert zurücklassen, da diese Übungen zwar *„nett"*, aber wenig befriedigend sind.

Sex während der Periode?

Selbst Frauen, die sich mit dem Aussehen und den Eigenarten ihrer Muschi angefreundet haben, fragen sich doch oft ängstlich, wie ihr Partner reagieren wird, wenn er mitten im Liebesspiel unversehens mit ihrer (möglicherweise zu früh einsetzenden) Periode konfrontiert wird.

Zunächst einmal spricht rein medizinisch nichts gegen Sex während der Periode. Das Menstruationsblut einer gesunden Partnerin ist gesundheitlich unbedenklich, auch wenn gewisse mittelalterliche Kulturen dies völlig anders sehen und einer Frau nicht einmal die Hand reichen, weil diese ja ihre Periode haben KÖNNTE.

> *Ein echter Pirat sticht auch ins Rote Meer!*
>
> *Alte Volksweisheit*

Da Sex während der Monatsblutung eine ziemliche Sauerei ergeben kann, solltet ihr auf jeden Fall großzügig Handtücher unterlegen und auch eine Küchenrolle oder Ähnliches zur anschließenden (Vor-)Reinigung ist eine gute Idee. Es hat schon seinen Grund, dass diese Art des Beischlafs von den Jungs gerne scherzhaft „*Currywurst*" genannt wird.

Sollte Deine Periode auf Euer fest eingeplantes „*Erstes Mal*" fallen, dann solltet ihr dieses Ereignis allerdings besser nochmal verschieben, denn zu der Aufregung und den vielen Fragen und Ängsten, die ein Paar dabei oft beschäftigen, muss man nicht auch noch eine Portion Blut hinzufügen.

Da die vielfach von mir empfohlene Strategie „Ladies First" – also die Partnerin erst zum Orgasmus zu lecken, bevor es mit dem eigentlichen Verkehr losgeht – während der Blutungen von den allermeisten Männern abgelehnt wird, fiele ein wesentlicher Entspannungshelfer dabei weg. Natürlich können statt der Zunge auch die Finger eingesetzt werden, aber intensiver sind nun einmal die Zungenspiele.

Wenn Du die Pille zur Verhütung nutzt, dann kann diese auch durchgehend genommen werden – d.h. statt einer einwöchigen Pause wird direkt mit der nächsten Packung begonnen. Laut verschiedenen Studien beeinträchtigt diese Vorgehensweise weder die Verhütungswirkung noch Deine Gesundheit. Dadurch gibt es dann auch keine Abbruchblutung – die Blutungen fallen also aus. Die meisten Ärzte empfehlen jedoch, nach 3-6 Monaten jeweils eine Pause einzulegen und eine Abbruchblutung zuzulassen.

Statt herkömmlicher Tampons oder Binden nutzen viele Frauen, die auf Sex während der Periode nicht verzichten möchten, sogenannte „*Soft-Tampons*" oder „*Schwämmchen*". Diese sind in Drogerien und Apotheken bzw. im Versand[1]

---

[1] http://amzn.to/2pGES6A

erhältlich und können während des Verkehrs im Körper verbleiben. Da es allerdings keinen Rückholfaden gibt, wie bei normalen Tampons, erfordert das Herausnehmen des Schwämmchens etwas Übung (die man sich natürlich nicht erst während des Liebesspiels aneignen sollte).

Da die Flüssigkeitsaufnahme der Soft-Tampons begrenzt ist, müssen diese häufiger gewechselt werden als gewöhnliche Tampons, damit sie nicht „*überlaufen*". Mit den Fingern kann ein Mann die Schwämmchen zwar ertasten und ein halbwegs mit der weiblichen Anatomie vertrauter Mann weiß auch, was er da fühlt. Beim Verkehr bemerkt er sie jedoch meist gar nicht, wodurch einem entspannten und hygienischen Liebesspiel nichts mehr im Wege steht.

Dirty Talk – wenn Sex „schmutzig" wird

Wie bereits erwähnt, ist das Verhalten eines Menschen beim Sex in Bezug auf die Lautäußerungen, höchst unterschiedlich. Manche geben kaum einen Ton von sich, während andere ihre Lust hinausbrüllen, bis die Nachbarn Beifall klatschen.

Wieder andere jedoch schnauben oder stöhnen nicht nur beim Sex, sondern feuern den Partner verbal an, wobei das verwendete Vokabular meist nicht gerade stubenrein ist bzw. dem gewohnten Umgangston zwischen den Liebenden entspricht. Die beim Sex geäußerten Worte und Formulierungen darf man keineswegs aus dem Kontext reißen und wörtlich interpretieren, sondern sollte diese als eine Sonderform des Stöhnens werten – und keineswegs als Sicht auf die Beziehung oder die eigene Person.

Ein „*So Du Schlampe – jetzt vögle ich Dich in alle Löcher!*" soll nicht bedeuten, dass Dein Freund Deinen Lebenswandel für zweifelhaft hält.

Solche Anfeuerungsrufe, bei denen so mancher den eigenen Partner nicht mehr wiedererkennt und an die sich dieser oft nach dem Sex auch gar nicht mehr erinnert, sollte man lediglich als ein Zeichen höchster Lust und lebhaftem Kopfkino werten – nicht mehr und nicht weniger. Es bedeutet auch nicht, dass Dein Freund nur wegen dem Sex mit Dir zusammen ist, sondern lediglich, dass er den Sex mit Dir genießt.

„Los – sag' schmutzige Sachen zu mir!"

„Küche! Toilette! Badezimmer!"

Sex-Stellungen – Lustgewinn durch Akrobatik?

Männer, die gehört haben, dass Frauen beim Reinstecken NICHT automatisch zum Orgasmus kommen, glänzen oft mit Ratschlägen wie *„Da müsst ihr eben ein paar andere Stellungen probieren, denn jede Frau ist anders und bei irgendeiner Position wird es dann schon klappen...".* Diese Spezialisten haben dann allerdings nur insofern Recht, dass es tatsächlich unterschiedliche Vorlieben bei Frauen gibt – aber doch auch eine Menge Gemeinsamkeiten!

Sich jetzt allerdings durch das Kamasutra zu arbeiten und die vielen hundert Stellungen, die darin beschrieben sind, der Reihe nach auszuprobieren, erfordert nicht nur eine Menge Geduld und Akrobatik. Es ist auch eher unwahrscheinlich, dass eine Frau, die beim Vögeln in den klassischen Positionen keinen Orgasmus bekommt, bei irgendeiner exotischen Verrenkung plötzlich in Ekstase gerät. Übrigens: Wenn es schon das Kamasutra sein muss, dann lest bitte zu allererst die Kapitel, in denen beschrieben wird, wie man das Liebesspiel richtig zelebriert, denn das berühmte indische Liebeslexikon ist weit mehr als eine Auflistung von Stellungen mit phantasievollen Namen!

Wie bereits mehrfach erwähnt, ist der Schlüssel zur Lust der Frau der Kitzler, der bei vielen Stellungen kaum stimuliert wird. Trotzdem können auch diese Positionen einer Frau gefallen und sie zum Höhepunkt bringen. Wenn man sich daran erinnert, dass die Klitoris ja weit in den Körper hineinreicht und die Klitoriseichel nur den sichtbaren – aber auch besonders sensiblen – Teil dieses Organs darstellt, ist dies durchaus nachvollziehbar.

Glücklicherweise muss man sich ja nicht für eine einzige Stellung entscheiden, sondern kann diese im Laufe des Liebesspiels beliebig oft wechseln – auch wenn man das nicht alle paar Sekunden machen sollte ...

Werfen wir einmal einen Blick auf die bekanntesten Stellungen im Detail:

Missionarsstellung

Dies ist die „*klassische*" Stellung, welche angeblich von den auf der ganzen Welt tätigen Missionaren den neu gewonnen Gläubigen als einzige „*gottgefällige*" Art des Beischlafs beigebracht wurde. Diese Behauptung hat sich allerdings als ein von dem Sexualforscher Alfred C. Kinsey in Umlauf gebrachtes

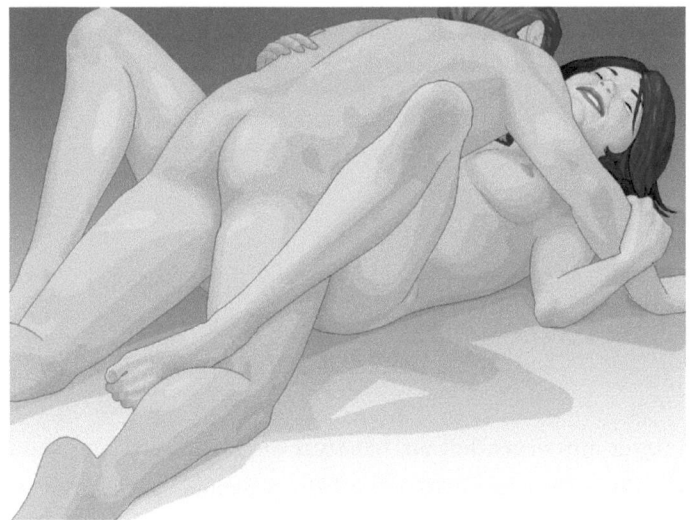

Abb. 4 : Missionars-Stellung

Gerücht herausgestellt. Überliefert ist vielmehr, dass sich die den fleischlichen Genüssen besonders zugetanen Südsee-Insulaner über die *„Frau kann nicht mitmachen"*-Stellung lustig gemacht haben.

Die Frau liegt bei der Missionarsstellung mit gespreizten Beinen auf dem Rücken und ihr (Ehe-)Mann dazwischen. So können die Liebenden sich ansehen, küssen und großflächigen Körperkontakt genießen.

Da der Mann sich dafür auf den Armen abstützen muss, ist es nicht so einfach, diese Stellung lange durchzuhalten, bevor es anstrengend wird.

Abb. 5 : Die „Wiener Auster"-Stellung

Die unter ihm liegende Frau hat zwar die Hände frei und kann dem Geliebten daher Rücken und Po streicheln (zerkratzen ist übrigens kein zwingender Liebesbeweis!), ist aber andererseits zu einer relativ passiven Rolle verdammt und dem Mann ausgeliefert. Diese Stellung erfordert ein großes Maß an Vertrauen in den Partner, denn auf Zeitpunkt, Tiefe und Geschwindigkeit des Eindringens hat die Frau kaum einen Einfluss.

Dies gilt umso mehr, wenn er ihre Beine über die eigenen Arme oder gar Schultern legt, was dann die „*Wiener-Auster*"-Stellung ergibt. Dies fühlt sich zwar toll an, weil der Penis dadurch viel leichter und weiter eindringen kann, für eine unerfahrene Partnerin – gerade beim „*ersten Mal*" - ist es jedoch womöglich die „*Hölle*", da sie sich von einer Frau zu einem „*Loch*" degradiert fühlt.

Doggy – die Hündchenstellung

Dies ist eine im Tierreich – also nicht nur bei Hunden – weit verbreitete Stellung. Dabei steht das Weibchen auf allen vieren, während der männliche Partner von hinten (in die Scheide!) eindringt. Auch wenn es in dieser Position recht leicht ist, den Schwanz einfach ein paar Zentimeter höher in den Anus einzuführen, sollte ein Mann diese Chance nicht ungefragt nutzen! Mehr darüber im nächsten Kapitel…

Die Doggy-Stellung hat den Vorteil, dass er seinen Schwanz relativ gut erreichen und einführen kann, wobei er gleichzeitig während des Verkehrs die Hände frei hat, um beispielsweise Deinen Po zu verwöhnen. Das in Pornofilmen mit Begeisterung praktizierte „*auf den Hintern klatschen*" kommt in der Praxis allerdings nur bei wenigen Frauen gut an.

Der Mann kann in dieser Stellung leicht kräftig stoßen und auch als Frau kannst Du Deinen Teil dazu beitragen, indem Du entsprechend gegenhältst, Dich vor- und zurückbewegst, bzw. das Becken kreisen lässt. Gleichzeitig kannst Du den Winkel und damit die Eindringtiefe variieren. Machst Du einen Katzenbuckel, reduzierst Du dadurch die Tiefe. Beim Hohlkreuz oder wenn Du mit dem Oberkörper auf die Matratze gehst, kann er umso tiefer eindringen und auch den G-Punkt stimulieren.

Darüber hinaus bestimmst Du mit der Stellung Deiner Beine, also wie weit diese geöffnet sind, die Höhe und somit, in welchem Winkel er eindringt.

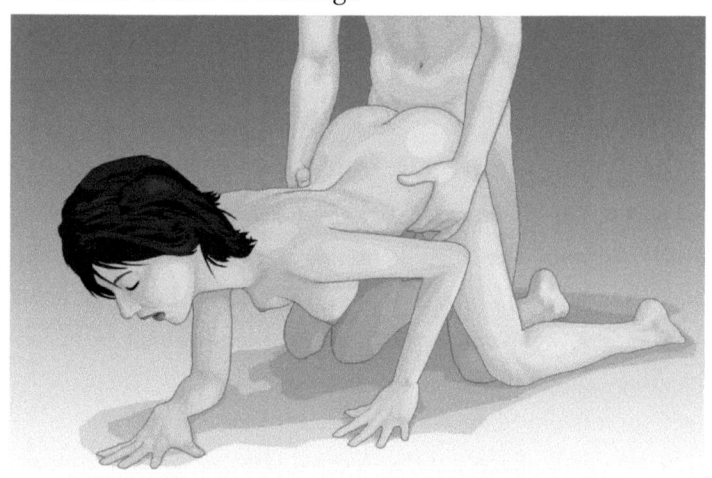

Abb. 6 : Doggy – die „Hündchenstellung"

Eine Variante der Doggy-Stellung ist, wenn Du an der Bettkante kniest und er hinter Dir steht. Auch hier kann von beiden Partnern mit dem Spreizen der Beine die Höhe nivelliert werden.

Was viele Paare bei der Doggy-Stellung trotz des intensiven Gefühls allerdings vermissen, ist der Blickkontakt, der nur durch entsprechende Verrenkungen der Frau (oder durch geschickt angebrachte Spiegel) möglich ist. Auch Deine Brüste kann ein Mann bei Doggy nicht vernünftig erreichen.

Reiterstellung

Bei der Reiterstellung liegt der Mann auf dem Rücken und die Frau sitzt auf ihm – und auf seinem *„kleinen Freund"*. Dabei hast Du fast die vollständige Kontrolle über das Eindringen und kannst sehr gut bestimmen, wann Du wie viel von ihm *„er-trägst"*. Daher ist die Reiterstellung auch fürs *„erste Mal"* recht gut geeignet. Du behältst zu jedem Zeitpunkt die Kontrolle und kannst dadurch leichter entspannen, da Du Dich nicht ängstlich fragen musst, wann es losgeht ...

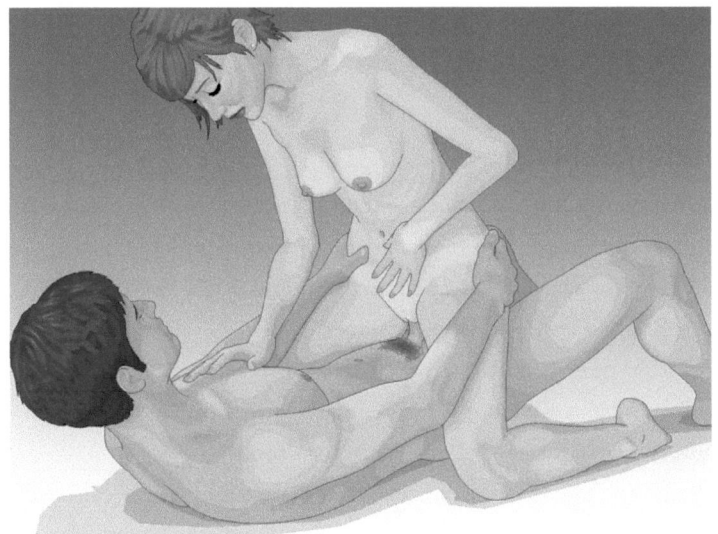

Abb. 7 : Die Reiter-Stellung

Praktischerweise fällt es beiden Liebenden so leicht, sich anzusehen. Ihr habt die Hände frei, um Euch gegenseitig zu streicheln oder die Hände stützend ineinander zu verschränken.

Gleichzeitig kannst Du in dieser Stellung Deinen Kitzler am Schambein des Mannes reiben und hast so die besten Chancen auf einen Orgasmus. In der Reiterstellung muss eine Frau übrigens auch nicht unbedingt ein anstrengendes „*hoch-und-runter*" durchhalten, ein vor- und zurückgleiten funktioniert prima!

Wenn das Gefühl für beide Beteiligten noch intensiver werden soll, dann kannst Du die Fußsohlen auf die Matratze stellen und in den gehockten Reiter übergehen. Dabei spannt sich Dein Unterleib an, was Dich besonders eng werden lässt und das Empfinden für Beide intensiviert. Allerdings ist diese Variante auch deutlich anstrengender, so dass eine Frau diese oft nicht lange durchhält.

Piratenstellung

Die Piratenstellung, die auch als „*umgekehrter Reiter*" bekannt ist, funktioniert genau wie der „*normale*" Reiter – nur eben umgekehrt – d.h. die auf dem Mann reitende Frau dreht diesem ihren Rücken zu und blickt zu seinen Füßen.

Durch den veränderten Winkel fühlt sich diese Position gleich völlig anders an. Unbedingt einmal probieren, auch wenn der geschätzte Blickkontakt dann fehlt!

Eine spaßige Übung ist dabei die Richtung zu wechseln, ohne seinen Schwanz aus der Muschi gleiten zu lassen. Auch wenn es nicht immer klappt, macht es doch Spaß dies zu versuchen ...

69 - Neunundsechzig

Die 69er-Stellung ist allein dem Oralverkehr und ggf. Handverkehr vorbehalten. Die Partner liegen dabei gegengleich übereinander oder auf der Seite, so dass sich der Kopf jeweils an der Schamregion des Partners befindet. Jetzt kann man sich gleichzeitig gegenseitig lecken und blasen.

Abb. 8 : Die 69-Stellung

Was sich zunächst nach der idealen Position für gegenseitiges Vergnügen anhört, birgt den Nachteil, dass man nur eingeschränkt gleichzeitig genießen und sein Gegenüber verwöhnen kann. Gerade bei den anfänglichen Sexperimenten sollte man sich eher abwechselnd statt gleichzeitig verwöhnen, um sich besser auf das eigene Vergnügen bzw. die Reaktionen des Partners konzentrieren zu können.

Löffelchen

Die Löffelchen-Stellung kennen viele Paare aus der Kuschel-Phase: Beide liegen auf der Seite, er hinter Dir, während man versucht, möglichst großflächigen Körperkontakt herzustellen. Die Stellung hat ihren Namen von den altbewährten Besteckschubladen mit Halterungen, wo Löffel und anderes Esswerkzeug gleich ausgerichtet hintereinander stecken.

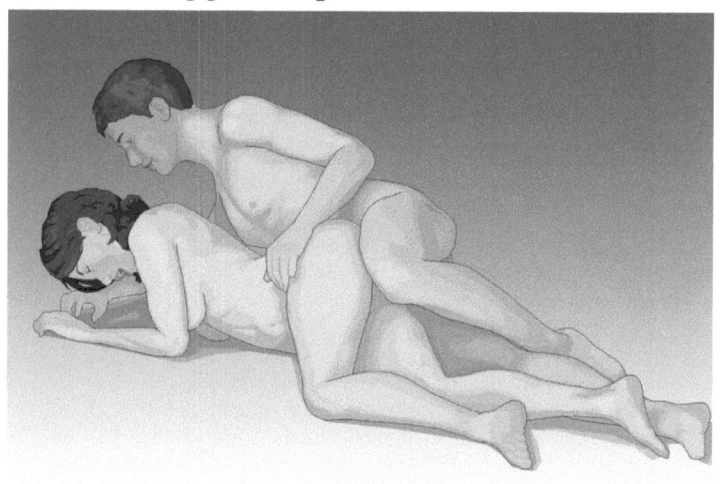

Abb. 9 : Die Löffelchen-Stellung

Statt diese Position nur zum seligen Einschlummern „*Danach*" zu nutzen, kann man in der Löffelchen-Stellung auch Sex haben. Zum bequemen „*Einfädeln*" ist es meist notwendig, den Winkel zu verändern, weswegen er dazu mit dem Oberkörper zunächst etwas abrücken muss.

Diese Position ist kaum fürs wilde „*Rammeln*" geeignet, sondern vielmehr für das langsame und zärtliche Genießen ausgelegt. Ihren Geliebten in sich zu spüren, während er sie gleichzeitig am ganzen Körper verwöhnt und ihren Nacken küsst, lässt fast jede Frau wohlig erschaudern.

Wer Sex in der Küche hat, der darf auch im Bett frühstücken!

Die T-Stellung

Einen interessanten Kompromiss aus Löffelchen und Missionarsstellung bildet die T-Stellung. Dabei liegt die Frau mit angewinkelten Beinen auf dem Rücken und der Mann quer vor ihrem Schambereich auf der Seite. In dieser Anordnung bilden die beiden Körper mit etwas Fantasie den Buchstaben „*T*".

Jetzt kann er, ohne sich mit den Armen abstützen zu müssen, in sie eindringen und stoßen, während er die freigewordenen Hände beispielsweise nutzen kann, um Deinen Kitzler, die Brüste oder andere Körperregionen zu verwöhnen.

In der Praxis ist diese Stellung weit weniger akrobatisch, als sich dies zunächst liest.

Natürlich gibt es noch unzählige Varianten der genannten Stellungen und erlaubt ist alles, was beiden Spaß macht und nicht zu verrenkten Gliedern führt. Sex kann man im Sitzen haben, während man sich an die Wand lehnt, auf sämtlichen Möbelstücken, im Stehen, unter Wasser, im freien Fall und und und ...

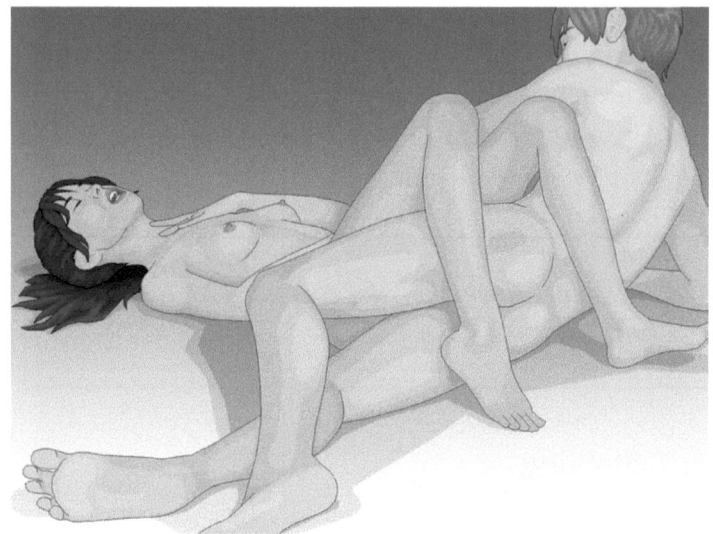

Abb. 10 : Die T-Stellung

Nach und nach findet jedes Pärchen ein Repertoire an Stellungen, die beide besonders mögen und je nach Bedarf, Lust, Situation und Zielsetzung anwenden. Ob und wie schnell dabei beide auf ihre Kosten kommen, ist allerdings vielmehr eine Sache der richtigen Strategie, als nur allein einer geheimnisvollen Stellung ...

Analverkehr?

Meist ist es der Mann, der in einer Beziehung den Wunsch äußert, es doch einmal mit „*Popo-Sex*" zu versuchen. Dabei spielen sicher auch Pornofilme eine Rolle, denn wird der Analverkehr geradezu als Selbstverständlichkeit verkauft, aber auch die Neugierde und der Reiz des Verbotenen trägt seinen Teil zu diesem Ansinnen bei.

Tatsache ist, dass in vielen Religionen (z.B. Christentum und Islam) Analsex ausdrücklich verboten ist und dieses Verbot auch in den zivilen Gesetzbüchern verankert. Teilweise wurde Analverkehr mit der Todesstrafe geahndet – in England zum Beispiel noch bis ins 16. Jahrhundert! Auch heute noch ist Analverkehr zwischen Mann und Frau in manchen Ländern mit mehrjährigen Haftstrafen belegt und für Analsex zwischen Männern gibt es auch im einundzwanzigsten Jahrhundert noch Hinrichtungen für dieses „*Verbrechen*".

In unserem Kulturkreis ist Analverkehr schon lange keine Straftat mehr und als eine von vielen lustvollen Praktiken etabliert, die viele Paare bereits einmal ausprobiert haben. Manche religiösen Fundamentalisten – wie zum Beispiel in der christlich-amerikanischen „*Purity-Bewegung*", nutzen Analverkehr als „*Schlupfloch*", um bis zur Hochzeit „*jungfräulich*" und „*rein*" zu bleiben. Von der Comedy-Band Garfunkel & Oats wird dieses „*Loophole*" in einem originellen Video[1] thematisiert.

Wieder andere versuchen gar auf diesem Wege zu verhüten, was ein gefährliches Spiel ist, denn austretendes Sperma kann

---

[1] https://youtu.be/9h1ZbWROWNE

– gerade in der Doggy-Stellung - leicht in die Scheide gelangen und dann doch zu einer Schwangerschaft führen!

Analsex KANN eine tolle Erfahrung sein - für beide Seiten! Schmerzen oder gar Verletzungen müssen nicht sein, wenn man mit Verstand und Vorsicht an das Thema herangeht. Für den Mann bedeutet die besondere Enge des im Vergleich zur Scheide spürbar muskulöseren (und meist besser trainierten) Afters eine deutlich stärkere Stimulation, aber auch Frauen können beim Analverkehr zum Höhepunkt kommen.

Ich kenne Frauen, die beim Analverkehr total *„abgehen"*, andere dulden es hin und wieder einmal und wieder andere lehnen es total ab. Wie es DIR gefallen wird, kann Dir niemand sagen, solange Du es nicht ausprobierst. Wie heißt es doch so schön: *"Versuch macht kluch"*. Allerdings sollte nicht ER plötzlich ohne Vorwarnung seinen Schwanz einfach in Dein Hinterstübchen rammen – das gefällt keiner Frau!

Am wichtigsten ist, dass die Frau entspannt ist und ihr Gleitgel verwendet, da es an der *"Hintertüre"* keine natürliche Schmierung gibt. Speichel oder ihre Liebessäfte von vorangegangenem Vaginalverkehr können zwar ausreichen – aber gerade bei der Premiere sollte man mit Schmierung nicht sparen. Eine gute Vorübung ist mal mit einem - ebenfalls gut geschmierten - Finger einzudringen. In der Doggy-Position gleichzeitig einen Finger - der Daumen bedeutet dabei oft die geringste Verrenkung – einzuführen, stimuliert nicht nur Deinen Anus, er massiert gleichzeitig auch seinen Schwanz.

Um genussvollen Analsex zu haben, solltest DU während der gesamten Session die Geschwindigkeit bestimmen und er darf nicht plötzlich *"loshämmern"*. Ein sehr großes Maß an Vertrauen ist also zwingende Voraussetzung - sonst kann es enttäuschend bis schmerzhaft werden.

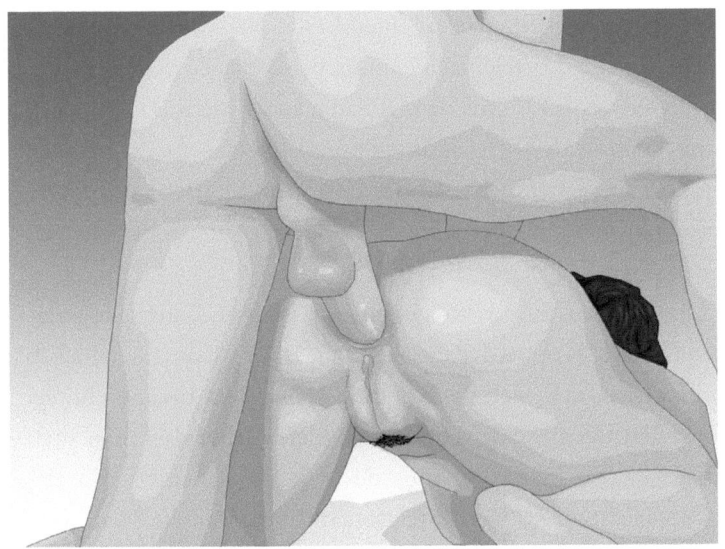

Abb. 11 : Analverkehr in Doggy-Stellung

Was hat eine Frau von Analverkehr? Zunächst einmal ist es das Gefühl des *"ausgefüllt seins"*, was vielen Frau etwas gibt. Beim Analverkehr darf der Mann keinesfalls gleich munter zustoßen, wie beim normalen Verkehr und vor allem nicht die Pornofilme mit geübten Darstellerinnen als Vorlage nehmen. Direkt nach dem Eindringen sind die meisten Frauen zunächst noch recht verspannt, was sich erst nach ein paar Minuten gibt. Selbst wenn es dem Mann noch so schwerfällt, so sollte er sich unbedingt beherrschen und stillhalten, bevor er (oder besser noch Du) mit langsamen Bewegungen beginn(s)t.

Doggy- und Reiterstellung sind die klassischen Positionen für Analverkehr, aber auch in den anderen bereits erwähnten Stellungen ist Po-Sex möglich. Obwohl ein Teil der Frauen auch beim Analverkehr zum Orgasmus kommt, bieten Dir Stellungen, bei denen er gleichzeitig Deinen Kitzler verwöhnen kann, die größte Chance auf einen besonders intensiven Höhepunkt. In der Löffelchen-Position beispielsweise, der T-Stellung oder wenn Du mit dem Rücken auf seinem Bauch liegst. Dann kann er in Dich eindringen und mit den freien Händen den Kitzler verwöhnen. Mit der Zeit wirst Du dann normalerweise ganz von alleine *„unruhig"*, wodurch auch sein Schwanz massiert wird.

Obwohl der Enddarm normalerweise nur Durchgangsstation für den Kot und daher meist leer ist, kann es natürlich vorkommen, dass sich nach dem Herausziehen braune Hinterlassenschaften an seinem Penis befinden. Daher darf man auch auf gar keinen Fall vom Anus direkt in die Scheide wechseln, da dies leicht zu lästigen Infektionen führt! Manche Paare verwenden aus diesem Grund Kondome für das anale Vergnügen, andere begnügen sich mit einer gründlichen Waschung mit Seife nach der Nummer.

Ob ihr Analverkehr einmal ausprobiert, ist natürlich eine persönliche Entscheidung und niemand MUSS sich darauf einlassen. Meist geht die Frage nach Sexperimenten mit dem *„Hintertürchen"* ja vom Mann aus. Wenn Du dann nur mit irgendwelchen Ausflüchten reagierst, dann darfst Du damit rechnen, dass das Thema immer mal wieder zur Sprache kommt. Vielleicht hakt er es ja nach dem ersten Mal als Erfahrung ab, die er nicht wieder braucht, vielleicht macht es aber auch Euch beiden Spaß. Das kann Euch im Voraus niemand sagen ...

Wenn Sex wehtun soll

Normalerweise pflege ich ja zu sagen *„Guter Sex tut nicht weh"*, wobei es allerdings die Ausnahme gibt, dass manchen Menschen Sex gerade dann besonders viel Spaß macht, wenn es weh tut.

Das bedeutet noch lange nicht, dass ein Paar, welches sonst nur äußerst zärtlich miteinander umgeht, sich im Liebesrausch immer mehr hineinsteigert und immer wilder und heftiger vögelt, bis einem hinterher *„alles weh tut"* – das kann vorkommen, ebenso wie Muskelkater und führt dann eher zu Schmerzen NACH dem Sex als BEIM Sex ...

Seit in Filmen wie *50 Shades of Grey* der *„süße Schmerz"* neuerdings gesellschaftsfähig und zum Mainstream-Erfolg geworden ist, probieren plötzlich Paare das Wechselspiel zwischen Schmerz und Lust aus, die *„so etwas"* vor Kurzem noch als *„pervers und krank"* weit von sich gewiesen hätten.

> *Gabel, Messer, Schere, Licht sind für kleine Kinder nicht!*
>
> *Kabelbinder, Peitsche, Seil finden plötzlich Eltern geil!*

Es muss ja auch nicht gleich der eigene Folterkeller mit Streckbank und umfangreicher Peitschensammlung sein. Es gibt durchaus Frauen, die von dem einen oder anderen Klaps auf den Po tatsächlich angetan sind – auch wenn dieses Klischee in den meisten Pornofilmen fürchterlich überstrapaziert wird.

Ebenso fahren manche Männer darauf ab, wenn ihnen die Partnerin beim Sex den Rücken zerkratzt. Um dies herauszufinden, hilft nur ausprobieren und herantasten, denn beim Vorgespräch am Kaffeetisch über besondere Vorlieben beim Sex, fällt die Antwort und Reaktion ganz anders aus, als mitten im leidenschaftlichen Liebesspiel.

Ich habe schon verschiedene Frauen erlebt, welche eine Behandlung, die eigentlich meinem Naturell zuwiderläuft, aktiv eingefordert haben und kräftige Schläge auf den Po, Haare ziehen und sogar Ohrfeigen verlangt haben. Während die meisten Frauen (vor allem bei einem Partner, den sie noch nicht so gut kennen) schnell allergisch reagieren, wenn man sie beim Blasen am Kopf oder im Nacken berührt, gibt es auch Frauen, die ihren Partner dazu auffordern den eigenen Kopf auf seinen Schwanz zu drücken.

Grundsätzlich gilt, dass beim Sex alles erlaubt ist, was BEIDEN gefällt. Probleme treten logischerweise dann auf, wenn der eine Partner gerne austeilt, der andere jedoch eher zärtlich veranlagt ist. Natürlich tut man dem Partner gerne mal einen Gefallen und praktiziert eine Stellung oder Praktik, die man selbst eigentlich nicht so mag, aber wenn der Eine nur dann auf seine Kosten kommt, wenn der Andere sich jedes mal überwinden und verbiegen muss, dann geht das nicht lange gut.

Die Last mit der Lust

Von Menschen, die mit ihrem Liebesleben unzufrieden sind, hört man immer wieder, dass es weniger um das „*wie*" beim Sex unterschiedliche Vorstellungen gibt, als über das „*wie oft*". Während man am Anfang einer Beziehung oft noch bei jeder Gelegenheit übereinander hergefallen ist und es meist mehrfach am Tag „*getrieben*" hat, kehrt nach und nach Routine ein und man schläft nur noch miteinander, wenn man ohnehin gemeinsam zu Bett geht. Im Laufe der Zeit wird dann nicht mehr automatisch aus jedem Kuscheln auch Verkehr und manchmal hat man nur noch alle paar Wochen oder gar Monate Sex.

> *"Sex in längerer Verbindung ist die Kunst, Reprisen immer wieder wie Premieren erscheinen zu lassen."*
>
> *Jeanne Moreau*
> *(französische Schauspielerin Jahrgang 1928)*

Daraus ist aber nicht ablesbar, dass das Paar sich nicht aufrichtig liebt! Es gibt gute Gründe, die dazu führen, dass man nicht mehr jede Gelegenheit nutzt, um miteinander zu schlafen. Gerade wenn man zusammenlebt, kommen Alltagsprobleme, Stress auf der Arbeit und womöglich Kinder hinzu. Sobald man zur Ruhe kommt, meldet sich dann das Gedankenkarussell und man beginnt im Bett die Alltagssorgen zu besprechen – was dann meist das aufkeimende Fünkchen Lust erstickt.

Während in solchen Fällen Männer Sex gerne nutzen, um auf andere Gedanken zu kommen und sich von den täglichen Problemen abzulenken, müssen Frauen entspannt SEIN und den Kopf frei haben, um Sex genießen zu können.

Männer, die sich beklagen, dass sie von ihrer Partnerin zu wenig Sex bekommen, sollten als Vorspiel vor dem Vorspiel mit ihrer Gefährtin **sprechen** und ihr **zuhören**. Wenn sie keine Gelegenheit bekommt loszuwerden, was sie bewegt – weil beispielsweise den ganzen Abend der Fernseher läuft – dann wird sie im Bett damit anfangen und es kommt erst gar keine erotische Stimmung auf.

Lustlosigkeit bei der Frau kann allerdings auch eine völlig andere Ursache haben, die häufiger vorkommt, als sich die meisten Paare bewusst sind: Hormonelle Verhütung!

Die Wirkungsweise der „*Pille*" und anderer hormoneller Verhütungsmethoden (3-Monats-Spritze, Hormonimplantate, Verhütungspflaster, Hormonspirale…) basiert ja darauf, dass sie dem Körper das Bestehen einer Schwangerschaft vorgaukeln. Da „*Mutter Natur*" sich dann ja bereits am Ziel wähnt, sieht sie verständlicherweise keine Veranlassung die Frau zu weiterem Geschlechtsverkehr zu motivieren.

Da es ein schleichend langsamer Prozess ist, merken weder die Frau noch ihr Partner, dass sich nach und nach ihre Persönlichkeit verändert. Man darf daher auch nicht Frauen fragen, die die Pille nehmen, ob sie eine Veränderung zu „*vorher*" feststellen, sondern besser die Frauen, die die Pille abgesetzt haben und schon ein paar Monate „*ohne*" leben. Wie bereits im Kapitel über Verhütung erwähnt, haben meine Frau und ich viele Jahre – mangels besseren Wissens – mit der Pille verhütet. Seit meine Frau allerdings keine Hormone mehr schluckt, ist sie ein völlig neuer Mensch und wir sind uns einig, dass wir nie wieder hormonell verhüten würden!

Es liegt allerdings nicht automatisch an der Frau im Allgemeinen und der Pille im Besonderen, wenn das Sexleben eines Paares einschläft. Schließlich gehören immer zwei dazu!

In einer festen Partnerschaft gibt man sich oft nicht mehr so viel Mühe wie am Anfang, den Partner zu verführen. Man nimmt sich weniger Zeit, um zu sexperimentieren, sondern greift der Einfachheit halber auf bewährte Techniken und Stellungen zurück. Sex läuft „*nebenbei*", wenn man ohnehin schon nackt oder leicht bekleidet zu Bett gegangen ist und da es wieder einmal recht spät geworden ist und man morgen ja „*früh raus muss*", wird eine zügige Abwicklung bevorzugt.

Auch wenn Spontanität natürlich toll und aufregend ist und man guten Sex auch schlecht planen kann, sollte man doch den richtigen Rahmen dafür schaffen, dass solche spontanen Einfälle auch umgesetzt werden können. Es hat sich beispielsweise ein wiederkehrendes Date wie „*unser Abend*" bewährt, den man sich regelmäßig einmal pro Woche freihält. An diesem Tag trifft man sich nicht mit Freunden, organisiert ggf. einen Babysitter und auch der Fernseher bleibt aus. Stattdessen unternimmt man etwas gemeinsam, hat Spaß zusammen, redet miteinander und probiert Neues aus.

Außer dem klassischen „*Essen gehen*" gibt es noch soooooo vieles, was man zusammen unternehmen kann. Kino, Bowling-, Lasertag- oder Minigolf spielen, Museen besuchen, auf Konzerte gehen, ein Musical erleben, an einer Segway-Tour teilnehmen, einen Tanzkurs belegen, zur Massage gehen und/oder massieren lernen, gemeinsam ein schönes Schwimmbad und/oder eine Sauna nutzen, einen Kochkurs machen bzw.

zusammen kochen und so weiter. Mit Diensten wie Groupon[1] oder Aktionen wie dem Schlemmerblock[2] bekommt man eine Menge Anregungen für Dienstleistungen und Unternehmungen, mit denen man einen unterhaltsamen Tag oder Abend gestalten kann.

Wie gesagt: Diese Erlebnisse sollte man bewusst als Paar wahrnehmen. Wenn Euch ein Lokal oder eine Unternehmung begeistert hat, dann könnt ihr ja beim nächsten Mal mit Eurer Clique hingehen. Zunächst ist aber Ziel der Übung, sich wieder als Paar näher zu kommen und mit diesen gemeinsamen Erlebnissen und Erinnerungen ins Bett zu gehen, statt mit den Alltagssorgen – der Rest geschieht dann von alleine ...

---

[1] https://www.groupon.de
[2] https://schlemmerblock.de

Der „flotte" Dreier

Zu den verbreiteten Fantasien, die viele Menschen in Bezug auf Sex haben, gehört es einmal zu dritt zu *„treiben"*, *also* einen *„flotten Dreier"* zu erleben. Vier Hände und zwei Münder auf dem eigenen Körper zu spüren erscheint als verlockende Bereicherung des Sexuallebens und als ultimatives Erlebnis – und kann dies auch durchaus werden.

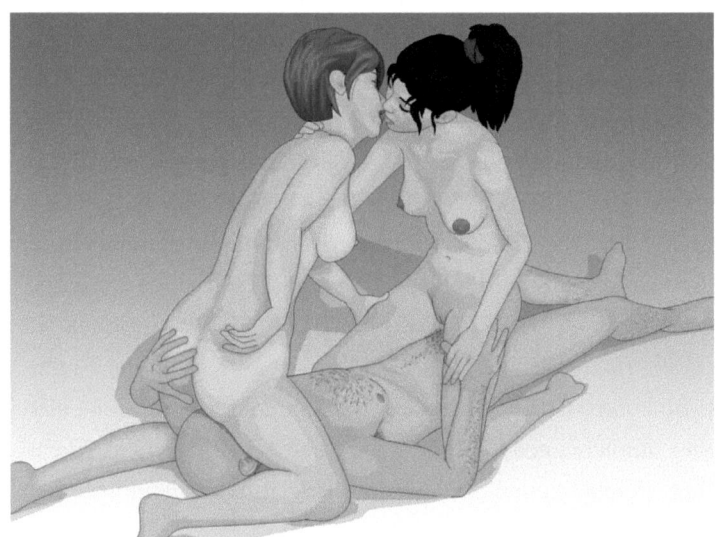

Abb. 12 : Ein FMF-Dreier

Die erste Frage, wenn ein Pärchen beschlossen hat diese Fantasie auch umzusetzen, ist, in welcher Kombination diese Veranstaltung stattfinden soll. Wird es ein FMM-Dreier mit zwei Männern oder eine MFF-Kombination mit zwei Frauen? Ausschlaggebend ist dabei, ob einer der Beiden eine Bi-Ader hat, sich also auch für gleichgeschlechtliche Zärtlichkeiten begeistern kann. Gerade Männer haben oft extreme Berührungsängste gegenüber anderen Männern. Frauen sind da unkomplizierter, was man ja auch in der Öffentlichkeit beobachten kann. Männer, die miteinander tanzen, Händchen halten oder einen Arm umeinander legen, sind selten heterosexuell, während Frauen, welche sich so zeigen, oft lediglich befreundet sind.

Grundsätzlich ist ein Dreier schon eine tolle Sache – wenn die richtigen Beteiligten zusammenkommen. Eine beliebte Fantasie vieler Männer ist, einmal mit zwei Schwestern gleichzeitig Sex zu haben oder hierfür Mutter und Tochter zu kombinieren. Aus meiner Erfahrung kann ich allerdings berichten, dass ein Dreier mit zwei Schwestern in der Praxis weit weniger sensationell ist, als man sich dies in der Fantasie ausmalt, da die Mädels normalerweise nicht untereinander aktiv werden und ein Dreier, bei dem jeder auf jeden scharf ist, wesentlich mehr Spaß macht!

Sollte man also doch besser einen guten Freund oder Freundin hinzubitten? Ein Dreier im Bekanntenkreis kann eine lustvolle, sinnliche, geile Erfahrung werden - oder in einem Abend voller Peinlichkeiten enden und langjährige Freundschaften zerstören.

Nicht jeder kommt mit dem *"Danach"* zurecht. Was ist, wenn einer von Euch nach ein paar Tagen wieder Bock auf Eure Freundin bekommt, der andere das Ganze aber nicht wiederholen möchte? Wie wird es sein, wenn ihr Euch danach wieder trefft – wie werdet ihr miteinander umgehen?

Wenn Du und Dein Partner mal einen Dreier mit einem anderen erleben möchtet, dann könnt Ihr hierfür am einfachsten zusammen in einen Swingerclub gehen – siehe nächstes

Kapitel. Dort seid ihr anonym und außer (D)einem Vornamen brauchst Du nichts über Dich preiszugeben. Der Sex ist unkompliziert und unverbindlich (was nicht heißen muss, dass er dann weniger Spaß macht), was bedeutet, dass Du keine Angst zu haben brauchst, dass Eure Spielgefährten plötzlich unangemeldet bei Euch Zuhause auftauchen.

Viele Frauen haben Fantasien mit zwei Männern gleichzeitig:

Einer putzt, der andere macht die Wäsche ...

Haben sich die richtigen Beteiligten zusammengefunden, dann ist das Erlebnis oft überwältigend. Alleine schon die Vorstellung *„es"* gerade tatsächlich mit zwei Partnern gleichzeitig zu *„tun"*, was viele Menschen höchstens sehnsüchtig erträumen, ist extrem anregend. Natürlich sind auch die sich daraus ergebenden Stellungen und Empfindungen außergewöhnlich, was auch erfahrenere Partner in bislang nicht gekannte Ekstase versetzen kann.

Die Gedanken sind frei (Fantasien mit Anderen)

Ist es bereits Fremdgehen, wenn man beim Sex mit dem eigenen Partner oder bei der Selbstbefriedigung an eine andere Person denkt?

Viele haben ein schlechtes Gewissen, weil sie sich beim Sex vorstellen, sie würden es gerade mit jemandem anderen treiben – beispielsweise einem Star von Bühne, Leinwand bzw. Pornokino oder mit einem Bekannten, Kollegen oder Nachbarn.

Fast jeder hat sich schon mal mit solchen Gedanken erregt – schließlich bietet diese Form des Kopfkinos eine bequeme Anregung, jede Menge Möglichkeit zur Abwechslung, es kostet nichts und der Partner wird ja dadurch auch so lange nicht gekränkt, solange man es ihm nicht ausdrücklich *„aufs Brot schmiert"*...

Du brauchst also kein schlechtes Gewissen zu haben, wenn in Deinem Kopfkino gerade ein Film mit einem anderen Hauptdarsteller läuft, während Du Sex mit dem geliebten Partner hast. Du solltest Dich allerdings nicht dazu hinreißen lassen beim nächsten Streit ein *„Der Sex mit Dir macht ohnehin nur Spaß, wenn ich mir vorstelle, ich wäre gerade mit xxxxx im Bett!"* rauszuhauen – denn das kannst Du nicht mehr zurücknehmen und Dein Partner wird sich dann noch lange fragen, ob Du gerade wieder an xxxxx denkst ...

Sollte man einen Seitensprung beichten?

Wenn Du – warum auch immer – schwach geworden bist und einen Seitensprung, eine Affäre oder einen ähnlichen *„Ausrutscher"* auf dem Kerbholz hast, dann plagt Dich vielleicht das schlechte Gewissen. In einem Anfall von Reue fragt man sich dann, ob es nicht besser wäre in einer Beziehung, in der man ja keine Geheimnisse voreinander haben sollte, *„reinen Tisch"* zu machen und dem Partner den Fehltritt zu beichten.

Der scheinbare Gewinn – nämlich das eigene Gewissen zu erleichtern – muss allerdings teuer erkauft werden. Man selbst fühlt sich nach einem solchen Geständnis zwar zunächst einmal besser, der bislang ahnungslose Partner jedoch schlechter.

Der Betrogene wird sich wahrscheinlich fragen, was er falsch gemacht hat, dass Du Dich auf Dritte eingelassen hast, wird sich durch die Lügen, die Du zur Vorbereitung bzw. Verschleierung der *„Tat"* genutzt hast, gekränkt fühlen und sich womöglich künftig bei jeder Zärtlichkeit fragen, ob Du diese auch mit der Konkurrenz ausgetauscht hast.

Wenn Dein Partner die Beziehung aufgrund Deines Geständnisses nicht beendet, wird der Umgang miteinander trotzdem darunter zu leiden haben. Jeder Geschäftstermin, Überstunden, Betriebsfeier, Seminar, Reifenpanne, Mädelsabend, Geschäftsreise, Verwandtschaftsbesuch usw. wird zukünftig unter Generalverdacht gestellt und mit Misstrauen aufgenommen werden. Wenn Du Dich in das Umfeld begibst, in dem Dein Seitensprung stattgefunden hat – also beispielsweise an den Arbeitsplatz, dann wirst Du Dich umso mehr auf detaillierte Nachfragen darüber einstellen müssen. Wenn es sich um einen Seitensprung mit einem Kollegen gehandelt hat, darfst Du künftig minutiös darlegen, was Du wann mit wem getan hast, sowie Deine Arbeitszeiten detailliert nachweisen.

Wenn ihr Pech habt, dann zerstören diese Gefühle der Kränkung und das Misstrauen Eure Beziehung, auch wenn Du ab sofort hundertprozentig treu bist und Dir aufrichtig Mühe gibst keinen Anlass zur Eifersucht zu bieten. Selbst wenn der Partner Dir Deinen Fehltritt verziehen hat und versucht, diese Episode hinter sich zu lassen, spielt einem oft das Unterbewusstsein einen Streich und torpediert diese Bemühungen.

Daher solltest Du einen Fehltritt besser für Dich behalten und Eure Beziehung damit nicht unnötig belasten. Dein schlechtes Gewissen sollte erst einmal Strafe genug sein.

Andererseits darfst Du Dir diese Strategie nicht zur Gewohnheit machen und bei jeder sich bietenden Gelegenheit fremdgehen, denn während sich ein einzelner, einmaliger Fehltritt vielleicht noch verheimlichen lässt, werden doch viele Affären-Unterhalter und Seitensprung-Serientäter irgendwann einmal erwischt. Dann ist die Stimmung in der Beziehung auch eine ganz andere, als bei einem reuigen Geständnis aus freien Stücken und viele Partner rufen dann das Ende der Partnerschaft oder zumindest doch eine Pause aus.

Wenn die Beziehung zu Deinem Partner derart „*unerträglich*" ist, dass Du „*fremdgehen musst*", dann ist es ohnehin besser über eine Trennung nachdenken und einen Neuanfang wagen. Wenn Dir allerdings nur etwas fehlt (Komplimente, Abwechslung, Aufmerksamkeit, Aufregung usw.), dann solltest Du zuerst versuchen, in Deiner Partnerschaft genau diese Dinge zu bekommen – wie so oft ist auch hier Kommunikation der Schlüssel ...

„Freundschaft Plus" als Alternative zur Beziehung?

In Filmen wie *„Freundschaft Plus"* (*„No Strings Attached"* USA 2011 mit Nathalie Portman und Ashton Kutcher) oder *„Freunde mit gewissen Vorzügen"* (*„Friends with Benefits"* USA 2011 mit Mila Kunis und Justin Timberlake) dreht sich die Handlung jeweils darum, dass zwei gemischtgeschlechtliche Freunde versuchen, eine reine *„Sex-Freundschaft"* zu pflegen – d.h. man hat unverbindlichen Sex miteinander, ohne den Versuch eine Beziehung zu führen, oder gar den Anspruch auf Exklusivität.

Früher oder später stellt sich allerdings in diesen Filmen heraus, dass eine rein körperliche Beziehung ohne Gefühle nicht lange gut geht und sich die Protagonisten in einander verlieben – was ja zuvor noch kategorisch ausgeschlossen wurde.

Da viele Jugendliche einerseits einen überbordenden Sexualtrieb haben, andererseits jedoch teils sehr hohe Ansprüche an den *„idealen Partner"* stellen bzw. einfach nicht wissen, wie sie überhaupt einen Partner finden sollen, klingt das *„Freundschaft-Plus"*-Modell recht verlockend. Es wird von manchen Freunden auch zu leben versucht: Vorzugsweise mit einem Menschen, der einem bereits sehr vertraut ist und dem man auch sonst gegenseitig seine Geheimnisse und Sehnsüchte anvertraut – wie eben *„dem besten Freund"* bzw. *„der besten Freundin"*.

Verblüffender Weise funktioniert der Sex dann sogar oft überraschend gut, da es in dieser Konstellation vielen Paarungen weitaus leichter fällt sich natürlich zu geben und fallen zu lassen. Hier geht es ja nicht darum, dem geliebten Partner die „*bestmögliche Geliebte*" zu präsentieren bzw. den „*tollen Hengst*" zu geben, da man sich ja bereits darauf verständigt hat „*einfach nur Spaß zu haben, zu lernen und zu sexperimentieren*". Daher sind die Beteiligten dann oft unverkrampfter, als bei einem Freund, bei dem sie Bedenken hat diesen durch zu langsames Nachgeben bzw. dem Nichteingehen auf sein Drängen zu verlieren.

Man sollte allerdings „*Mutter Natur*" nicht unterschätzen, die dafür gesorgt hat, dass beim Sex das Bindungshormon Oxytocin ausgeschüttet wird! Dieses „*Kuschelhormon*" sorgt dafür, dass beim Zusammensein mit diesem Partner besonders wohlige und innige Gefühle erlebt werden. Nach und nach wird dann aus dem anfänglichen „*Sport*" verständlicherweise schnell „*mehr*". Das Bedürfnis möglichst viel Zeit mit dem „*Sex-Freund*" zu verbringen und Eifersucht, wenn diese(r) über Sexperimente mit Dritten berichtet, kommt den Spielgefährten in die Quere ...

Gegen unverbindlichen Sex ist grundsätzlich nichts einzuwenden und die Basis für Swingerclubs, Bordelle und so weiter - aber auch dort lauert die „*Gefahr*", sich zu verlieben, wenn man immer wieder mit den gleichen Personen guten Sex hat. Hier ist das beste Rezept, sich möglichst bald und intensiv mit anderen Menschen zu vergnügen, um sich bewusst zu werden, dass „*guter Sex*" nicht automatisch ein Beleg für „*echte Liebe*" ist.

Sex und Gesundheit

Dank Aufklärung und Sexualkunde in den Schulen wissen Kinder und Jugendliche heutzutage nicht nur *„wo die Babys herkommen"*, sondern auch, dass es jede Menge *„gefährliche"* Krankheiten gibt, die man beim Sex zu fürchten hätte.

Dass die Übertragung von Lust und unvergesslichen Erlebnissen beim Sex um ein Vielfaches wahrscheinlicher ist, spielt bei solchen Informationsveranstaltungen keine Rolle. Dieses Ungleichgewicht sorgt dafür, dass sich oft schon zwei Jungfrauen sorgen sie könnten AIDS bekommen, wenn sie nur miteinander knutschen! Mancher fürchtet sich sogar bei der Selbstbefriedigung vor HIV & Co., denn Masturbation ist ja schließlich Sex und Sex ist gefährlich – oder?!

Natürlich gibt es sexuell übertragbare Krankheiten. Aber, um diese zu bekommen, muss der Partner zunächst einmal selbst infiziert sein. Ein Kondom hilft, die allermeisten davon im Zaum zu halten, worauf man aber in einer monogamen Beziehung getrost verzichten kann – spätestens nachdem sich die Beteiligten, falls diese bereits anderweitig sexuelle Erfahrungen sammeln konnten, entsprechenden Tests unterzogen haben.

"Das Leben ist eine Krankheit, die durch Sex übertragen wird und zu 100% tödlich endet."

Verfasser unbekannt

245

Grundsätzlich gilt, dass Du Dich bei jedweden Symptomen an einen Arzt Deines Vertrauens wenden solltest – also einen Frauenarzt, Urologen oder Arzt für Haut- und Geschlechtskrankheiten. Scham ist hier völlig fehl am Platz! Sich eine Krankheit zuzuziehen ist auch nichts Verwerfliches, denn das kann jedem passieren. Peinliche Fragen und Vorwürfe sind vom Arzt jedenfalls nicht zu erwarten – höchstens der Ratschlag ggf. den Partner ebenfalls zu behandeln!

Gerade vor Deinem Freund solltest Du eine Infektion nicht geheim halten, denn sonst kommt es häufig zu Ping-Pong-Infektionen, d.h. ihr steckt Euch immer wieder gegenseitig an und die lästigen Plagegeister wird man dann für längere Zeit nicht los. Das Auftreten von z.B. einer Pilzinfektion muss auch nicht bedeuten, dass einer von Euch fremdgegangen ist, da man sich manches mikrobiologische Souvenir auch per Schmerinfektion auf Toiletten, Umkleiden usw. holen kann.

In Wikipedia und auf zahlreichen anderen Webseiten[1] findest Du ausführliche Artikel zum Thema „*Sexuell übertragbare Krankheiten*" und den verschiedenen Erkrankungen. Auf die Wichtigsten werde ich nachfolgend kurz eingehen.

Pilzinfektion (Kandidose)

Meist sind es die verbreiteten Hefepilze, welche sich in der Vagina breitmachen. Die Einnahme von hormonellen Verhütungsmitteln (Pille), Schwangerschaft und falsche (übermäßige!) Intimhygiene begünstigen, dass sich die der Familie *Candida albicans* zugehörigen Pilze, sich plötzlich ungehemmt verbreiten. Diese Pilze, befinden sich eigentlich immer in

---

[1] http://www.geschlechtskrankheiten.de

Deiner Scheide und werden normalerweise von der natürlichen Scheidenflora im Zaum gehalten. Bei einer Störung dieses Gleichgewichts können sie dann leicht die Form einer lästigen Infektion annehmen. Eine Pilzinfektion der Vagina ist durch eine deutlich sichtbare Rötung der Schleimhäute und Schamlippen, hellen Ablagerungen, Juckreiz und unangenehmen, fischigen Geruch zu erkennen. Beim Mann treten dagegen Pünktchen auf der Eichel und Juckreiz auf.

Pilzinfektionen kommen sehr häufig vor, sind aber relativ leicht zu behandeln und stets sollten beide Partner einbezogen werden – auch wenn z.B. der Mann aktuell keine Symptome zeigt. Meist verschreibt der Arzt Cremes und Scheidenzäpfchen, aber auch Tabletten sind erhältlich. Wichtig ist auch Unterwäsche und Bettzeug gründlich zu waschen (mindestens 60, besser 95 Grad), um eine erneute Infektion zu verhindern.

Chlamydien

Bei der Chlamydien-Infektion handelt es sich um eine der häufigsten sexuell übertragbaren Erkrankungen der Welt, die durch die Bakterien Chlamydia trachomatis ausgelöst wird. Je nach Altersgruppe tragen weltweit bis zu zehn Prozent der Bevölkerung eine Chlamydien-Infektion in sich.

Frauen und Männer können gleichermaßen von einer Infektion betroffen und Überträger der Bakterien sein. Junge Mädchen und Frauen sind jedoch anatomisch bedingt besonders gefährdet, sich durch ungeschützten Geschlechtsverkehr mit Chlamydien anzustecken, da sich bei ihnen der Muttermund besonders leicht infizieren kann.

Die ersten Beschwerden einer Chlamydien-Infektion äußern sich etwa ein bis drei Wochen nach der Ansteckung in Form von Juckreiz, Schmerzen und Brennen beim Wasserlassen sowie einem Ausfluss im Genitalbereich. Häufig treten aber zunächst auch gar keine spürbaren Symptome auf.

Unbehandelte Infektionen mit Chlamydien können bei beiden Geschlechtern Unfruchtbarkeit zur Folge haben und auch die Augen befallen, was zur Erblindung führen kann. Daher sollte man eine Chlamydieninfektion nicht auf die leichte Schulter nehmen und sich regelmäßig – z.B. im Rahmen der routinemäßigen Frauenarztbesuchs daraufhin untersuchen lassen – auch wenn keine Symptome auftreten.

Eine festgestellte Infektion kann relativ einfach und schnell mit Antibiotika behandelt werden. Oft reichen schon 1-3 Tabletten.

HPV (Feigwarzen u.a.)

Die „*Humane Papillom Viren*" sind eine Gruppe von über 100 verschiedenen Viren, die Hautzellen infizieren und meist gutartige Wucherungen in Form von Feigwarzen an Haut und Schleimhäuten ausbilden. Feigwarzen sind ansteckend und können durch Hautkontakt, aber auch die gemeinsame Verwendung von Handtüchern usw. übertragen werden.

Einige HPV-Viren werden für bösartige Veränderungen verantwortlich gemacht – beispielsweise Gebärmutterhalskrebs. Durch Oralverkehr ist auch eine Infektion der Mundschleimhaut möglich, was unter Umständen zu bösartigen Wucherungen führen kann.

Laut wissenschaftlichen Untersuchungen kann eine Impfung das Infektions- und Krankheitsrisiko für Gebärmutterhalskrebs erheblich reduzieren. Daher wird Mädchen und jungen Frauen zwischen 12 und 17 Jahren eine Impfung empfohlen. Nähere Informationen erhältst Du bei Deinem Frauen- oder Hautarzt.

Genitalherpes

Bei Genitalherpes – auch *„Herpes genitalis"* genannt – handelt es sich um eine der weltweit am häufigsten vorkommenden Geschlechtskrankheiten. Ausgelöst wird Genitalherpes durch eine Infektion mit dem Herpes-Simplex-Virus vom Typ 2 (HSV 2), der Schätzungen zufolge bei etwa 10 bis 30 Prozent der Weltbevölkerung nachweisbar ist. Dabei handelt es sich um einen Verwandten des noch weiter verbreiteten Herpes-Simplex-Virus vom Typ 1 (HSV 1), der hauptsächlich Lippenherpes verursacht, aber auch für die Entstehung von Genitalherpes verantwortlich sein kann.

Hat man sich mit Genitalherpes angesteckt, äußert sich dies in der Regel durch schmerzhaft juckende und kribbelnde Hautbläschen im Genitalbereich sowie durch Geschwülste an den Geschlechtsorganen. Nach einer überstandenen Erkrankung kann man immer wieder Genitalherpes gekommen, da die Herpesviren lebenslang im Körper verbleiben.

Je früher Herpes genitalis mit virushemmenden Medikamenten behandelt wird, umso schneller und besser können die Beschwerden sowie die Ausbreitung der Herpesviren, eingedämmt werden.

Hepatitis

Bei Hepatitis handelt es sich um eine Entzündung der Leber, die eine Schädigung der Leberzellen und damit eine Beeinträchtigung der Leberfunktionen zur Folge haben kann. Ausgelöst wird eine solche Leberentzündung in den meisten Fällen durch einen der fünf Virentypen A bis E.

Während Hepatitis A und E vorwiegend über Schmierinfektionen übertragen werden, erfolgt die Infektion mit Hepatitis C auf dem Blutweg. Hepatitis B dagegen wird vorrangig durch ungeschützten Geschlechtsverkehr übertragen, weshalb diese Art der Leberentzündung auch zu den sexuell übertragbaren Krankheiten gezählt wird. Hepatitis D wird wie Hepatitis B meist sexuell übertragen, kommt aber nur bei Menschen vor, die bereits mit Hepatitis B infiziert sind. Zu den Beschwerden, die spätestens 6 Monate nach einer Ansteckung mit Hepatitis B auftreten, gehören unter anderem Kopf- und Gliederschmerzen, Abgeschlagenheit, Durchfall, Appetitlosigkeit und Gelbsucht.

Etwa zwei Milliarden Menschen weltweit – also etwa ein Drittel der Weltbevölkerung – waren bereits einmal mit dem Hepatitis-B-Virus infiziert. Geschätzte 350 Millionen Menschen – also etwa 5 Prozent der Weltbevölkerung – sind chronisch an Hepatitis B erkrankt. Hepatitis B ist damit eine der am häufigsten auftretenden Infektionskrankheiten überhaupt.

Die Behandlung einer akuten Hepatitis B zielt in der Regel lediglich auf eine Linderung der Symptome und nicht auf eine Bekämpfung des Hepatitis-B-Virus selbst ab. Als Maßnahmen empfiehlt der Arzt hier meist Bettruhe, körperliche Schonung sowie den Verzicht auf Alkohol und leberbelastende Medikamente. In den meisten Fällen heilt die akute Hepatitis B dann von alleine aus. Geht die akute Hepatitis B jedoch in ein chronisches Stadium über, kommen Medikamente zum Einsatz, die die Vermehrung der Hepatitis-B-Viren hemmen.

Tripper (Gonorrhoe)

Tripper – in der Fachsprache „*Gonorrhoe*" genannt – ist eine extrem ansteckende bakterielle Infektionskrankheit. Leider gehört Tripper auch zu den am häufigsten vorkommenden sexuell übertragbaren Krankheiten. Schätzungen zufolge infizieren sich jedes Jahr bis zu 60 Millionen Menschen weltweit mit Tripper. Männer und Frauen sind dabei gleichermaßen von Tripper betroffen, vor allem im jüngeren Erwachsenenalter um die 30 Jahre.

Erreger des Trippers sind Bakterien namens „*Neisseria gonorrhoeae*" – besser bekannt unter dem Namen „*Gonokokken*". Diese besiedeln bevorzugt die Schleimhäute in den Harn- und Geschlechtsorganen und werden in erster Linie durch ungeschützten Geschlechtsverkehr sowie durch Sexualpraktiken wie Analverkehr oder Oralverkehr übertragen, da es dabei zu einem direkten Kontakt mit den von Gonokokken befallenen Schleimhäuten kommt.

Die ersten Symptome des Trippers treten in der Regel zwei bis drei Tage, manchmal auch zehn Tage, nach der Infektion mit Gonokokken in Form von Schmerzen beim Wasserlassen und einem milchig-eitrigen Ausfluss auf. In etwa zehn Prozent der Fälle verläuft der Tripper im Anfangsstadium jedoch ohne spürbare Symptome.

Die Behandlung einer Tripperinfektion erfolgt in der Regel mit Antibiotika. In den meisten Fällen genügt es, das Antibiotikum einmalig in Tablettenform oder als Injektion in den Muskel zu verabreichen. Die Heilungsaussichten bei der Behandlung von Tripper sind gut: Erfolgt die Behandlung frühzeitig und erfolgreich mit Antibiotika, heilen die Entzündungen in der Regel folgenlos aus. Lediglich ein zu spät bzw. unbehandelter Tripper kann Komplikationen und Folgeerkrankungen nach sich ziehen. Dazu gehören unter anderem Gelenkentzündungen, chronische Entzündungen der inneren Geschlechtsorgane sowie Verklebungen der Samenleiter bzw. Eileiter, die zur dauerhaften Unfruchtbarkeit können.

Syphilis

Bei Syphilis – auch „*Lues (venerea)*", „*harter Schanker*" oder „*Franzosenkrankheit*" genannt – handelt es sich um eine Geschlechtskrankheit, die durch eine Infektion mit dem Bakterium Treponema pallidum ausgelöst wird.

Aktuell werden in Deutschland pro Jahr rund 3000 Syphilis-Fälle gezählt. Am häufigsten stecken sich Männer – meist im Alter zwischen 30 und 40 Jahren an und in 80 Prozent der Fälle durch gleichgeschlechtlichen Sexualverkehr.

Syphilis hatte früher oft schwere Erkrankungen mit Spätschäden und sogar Todesfällen zur Folge. Beethoven hat sein Gehör durch Syphilis verloren aber auch von Chopin, Friedrich Nietzsche, Arthur Schopenhauer, Katharina die Große, US-Präsident Thomas Woodrow Wilson, Oscar Wilde, Adolf Hitler und Benito Mussolini hatten mit der Syphilis zu kämpfen. Heute kann eine Infektion mit Treponema pallidum relativ gut behandelt werden, wenn Diagnose und Behandlung nicht zu lange verschleppt werden. Oft genügt schon eine einzige Spritze.

Syphilis verläuft in vier Phasen und je früher eine Behandlung mit Antibiotika erfolgt, umso wahrscheinlicher ist eine folgenlose Ausheilung.

Bei einer Erkrankung wechseln sich Phasen mit starken Beschwerden und sogenannte Latenzphasen, in denen der Infizierte mitunter jahrelang symptomfrei ist, ab. Im ersten Stadium der Syphilis – auch Lues I genannt – treten meist 10 bis 30 Tage nach der Infektion die ersten Symptome auf. So bilden sich an der Eintrittsstelle der Bakterien – also beim Mann an Penis oder After und bei der Frau an der Scheide, den Schamlippen und am After – zunächst kleine, schmerzlose Geschwüre mit hartem Rand (sogenannte harte Schanker), die mit einer massiven, aber schmerzlosen Schwellung der benachbarten Lymphknoten einhergehen. Diese Geschwüre sondern eine farblose Flüssigkeit ab, die große Mengen des Syphilis-Erregers enthält und deshalb äußerst ansteckend ist. Meist heilen diese Geschwüre im Genitalbereich nach mehreren Wochen von selbst ab, hinterlassen jedoch fast immer Narben.

Solltest Du bei Dir oder Deinem Partner derartige Symptome feststellen, dann solltet ihr beide schleunigst zu einem Arzt!

HIV/AIDS

Die gefürchtetste sexuell übertragbare Krankheit ist eine HIV-Infektion und deren Folge AIDS (*Acquired Immuno Deficiency Syndrome* = erworbenes Immunschwäche-Syndrom).

Das Humane Immunodefizienz Virus (HIV), welches vor allem in Körperflüssigkeiten (Blut, Sperma, Scheidensekret) eines Infizierten vorkommt, schädigt nach und nach dessen Immunabwehrsystem und geht in einem späten Stadium schließlich in die meist tödlich verlaufende Krankheit AIDS über. Im Endstadium ist das Immunsystem fast völlig zusammengebrochen, so dass der Patient Opfer eines ansonsten harmlosen Erregers wird.

Seit dem ersten Auftreten von HIV in den 80er Jahren hat sich diese Krankheit zu einer weltweiten Pandemie entwickelt. Da vor allem in den ersten Jahren der Erreger noch unbekannt und Behandlungsmethoden rar waren, fielen der Krankheit auch verschiedene Prominente zum Opfer – z.B. Queen-Sänger Freddy Mercury, die Schauspieler Rock Hudson und Norman Bates (Psycho), Tennisspieler Michael Westphal und Tatort-Kommissar Klaus Schwarzkopf. In Deutschland leben gemäß Schätzungen des Robert-Koch-Instituts etwa 84.700 Menschen mit HIV, davon ca. 15.200 Frauen. Im Jahr 2015 kam es zu rund 3200 neuen HIV-Infektionen. Seit Beginn der Epidemie sind in Deutschland etwa 28.100 Menschen an den Folgen einer HIV-Infektion verstorben.

Das HI-Virus wird durch Kontakt mit den Körperflüssigkeiten Blut, Sperma, Vaginalsekret und Muttermilch übertragen. Auch bei der Geburt ist eine Übertragung möglich. Potenzielle Eintrittspforten sind frische, noch blutende Wunden und Schleimhäute (Bindehaut, Vaginal- und Analschleimhaut) bzw. nicht ausreichend verhornte, leicht verletzliche Stellen der Außenhaut (Eichel, Innenseite der Penisvorhaut, Anus). Der häufigste Infektionsweg ist Anal- oder Vaginalverkehr OHNE Verwendung von Kondomen.

Die Benutzung kontaminierter Spritzen beim intravenösen Drogenkonsum stellt einen weiteren gängigen Infektionsweg dar. Ungeschützter Verkehr mit Heroinabhängigen ist daher gleich doppelt riskant.

Oralverkehr gilt als weit weniger infektiös, da die gesunde Mundschleimhaut viel widerstandsfähiger ist, als andere Schleimhäute. Eine Ansteckung ist bei Oralverkehr nur dann möglich, wenn Sperma oder Menstruationsblut auf die Mundschleimhaut gelangt. Bei der Aufnahme von Scheidenflüssigkeit ohne Blut reicht die Virenmenge für eine Ansteckung nicht aus. Auch die orale Aufnahme von Präejakulat stellt bei intakter Mundschleimhaut kein Risiko dar.

Zungenküsse gelten nicht als HIV-Infektionsrisiko. Obwohl theoretisch die Möglichkeit einer Infektion denkbar ist, wenn blutende Wunden, wie beispielsweise Verletzungen des Zahnfleisches, im Mund vorhanden sind, gibt es weltweit keinen dokumentierten Fall dieses Übertragungsweges.

Gegen HIV gibt es heute sehr wirkungsvolle Medikamente. Sie verhindern die Vermehrung des Virus im Blut, können es aber nach derzeitigem Stand der Wissenschaft nicht wieder aus dem Körper entfernen. Dank dieser Medikamente können die meisten HIV-infizierten Menschen heute lange Zeit mit dem Virus leben, ohne an Aids zu erkranken. Die Medikamente können allerdings in einigen Fällen schwere Nebenwirkungen haben und müssen lebenslang eingenommen werden.

Ein Test auf eine Infektion mit HIV (oft fälschlich als „*Aidstests*" bezeichnet) sowie verschiedene andere sexuell übertragbare Krankheiten, kann in der Regel beim örtlichen Gesundheitsamt kostenfrei und anonym(!) durchgeführt werden. Wenn Du also Hemmungen hast zum Hausarzt

Deiner Familie zu gehen, dann hast Du hier eine Alternative, für die es keine Ausrede gibt!

Was habe ich denn nun?!

Höchstwahrscheinlich bist Du kerngesund! Es ist verständlich, dass man sich nach den ganzen Horrorgeschichten aus dem Sexualkundeunterricht und den Medien Sorgen macht, ob man sich bei den verschiedenen Sexperimenten etwas eingefangen hat. Jeder Juckreiz wird dann mit irgendwelchen Krankheiten in Verbindung gebracht und je mehr man über die verschiedenen Symptome liest, umso mehr findet man bei sich selbst wieder.

Sogar Jungfrauen machen sich oft Sorgen, ob sie sich nicht schon etwas eingefangen haben, obwohl sie nur mit anderen Jungfrauen intim waren. Wenn Du sicherstellen möchtest, dass Du und Dein Partner gesund sind, dann kann das nur eine entsprechende Untersuchung beim Arzt feststellen. Symptome zu googeln und irgendwelche Foren zu befragen, ist meist keine gute Idee.

Solange Du nicht das Gefühl hast Rasierklingen zu pinkeln, sich die Farbe Deiner Genitalien nicht deutlich verändert hat und Du keinen Ausfluss feststellst, ist meist alles im *„grünen Bereich"*. Viel wahrscheinlicher ist beim Sex die Übertragung von Lust, Spaß und unvergesslichen Erlebnissen – womöglich hast Du Dich nur wundgevögelt, daher juckt und brennt es jetzt ein bisschen!

Lass es die nächsten Tage einfach etwas ruhiger angehen und...

Seid nett aufeinander!

Adressen und Kontakte

Kontakt zum Autor

Du hast Fragen zum Thema Sex, Liebe und Beziehung, die in diesem Buch nicht beantwortet werden? Dir sind meine Ausführungen nicht ausführlich oder nicht verständlich genug? Du hast abweichende Erfahrungen gemacht, welche Du mit mir teilen möchtest?

Ich freue mich immer über Feedback meiner Leser und werde zukünftige Auflagen dieses Buches auch gerne entsprechend ergänzen.

Du kannst mich über Facebook, Web oder E-Mail kontaktieren:

Web: http://r.fahren.liefert.info

eMail: R.Fahren@liefert.info

Facebook: https://www.facebook.com/reinhart.fahren

Gleichzeitig freue ich mich natürlich über wohlwollende Rezensionen bei AMAZON und anderen Buchhändlern sowie Weiterempfehlungen aller Art! Welche Inhalte haben Dich besonders berührt? Welche neuen Erkenntnisse hast Du gewonnen? Wo hast Du Dich wiedererkannt?

Nummer gegen Kummer e.V.

Nummer gegen Kummer e.V. ist der Dachverband des größten kostenfreien, telefonischen Beratungsangebotes für Kinder, Jugendliche und Eltern in ganz Deutschland. Der Verein hat es sich zum Ziel gesetzt, für alle Kinder und Jugendlichen, ihre Eltern und andere Erziehungspersonen Gesprächspartner zu sein, besonders dann, wenn andere fehlen.

Stress mit Eltern, Freunden oder Mitschülern? Mobbing oder Abzocke im Internet oder Klassenzimmer? Angst, Missbrauch, Essstörungen, Depression oder Sucht?

Das Kinder- und Jugendtelefon ist von Montag bis Samstag von 14.00 – 20.00 Uhr für Dich da. Ruf einfach unter den folgenden Telefonnummern an:

116 111 oder **0800 – 111 0 333** anonym und kostenlos vom Festnetz und Handy.

Alternativ gibt es auf der Webseite des Vereins eine Online-Beratung: http://nummergegenkummer.de) mit Rat, Hilfe, Trost und Unterstützung.

Mütter, Väter oder Großeltern und anderen Erziehenden steht mit dem Elterntelefon – **0800 – 111 0 550** ebenfalls ein qualifiziertes Beratungsangebot zur Verfügung. Die Beraterinnen und Berater der *„Nummer gegen Kummer"* sind erster Ansprechpartner für alle Fragen, Probleme und in besonders kritischen Situationen. Bei Bedarf öffnen sie den Weg zu weiteren Hilfen.

profamilia

pro familia bietet online – wie auch in den Beratungsstellen vor Ort (eine Liste findest Du auf der Webseite) – Beratung bei allen Fragen und Problemen zu Partnerschaft, Sexualität, Familienplanung und Schwangerschaft durch fachlich fundiert ausgebildeten Berater/innen.

https://www.profamilia.de

Die Online-Beratung wird von den pro familia-Projekten „*Sextra*" und „*Sexundso*" durchgeführt. Jede Frage wird - abhängig vom angegebenen Bundesland - an eines der Projekte weitergeleitet, von dem Du dann auch die Antwort auf Deine Frage erhältst. Bei dringenden Fragen wie z.B. zur Pille danach wendest Du Dich bitte direkt an eine Beratungsstelle oder einen Arzt, da hier möglichst schnell gehandelt werden muss!

Loveline.de

Loveline ist das Jugendportal der Bundeszentrale für gesundheitliche Aufklärung BZgA (Du weißt schon: Die aus der Kondomwerbung). Hier findest Du viele Infos über Sexualität sowie Rat und Hilfe durch Beratungsstellen sowie per Telefon.

https://www.loveline.de

Familienplanung.de – Schwanger unter 20

Falls Du schwanger bist oder es vermutest, findest Du hier Informationen, die Dir helfen können – egal, ob Du gewollt oder ungewollt schwanger bist. Dabei spielt keine Rolle, ob Du volljährig oder noch minderjährig bist und auch Jungs, die überraschend Vater werden, können sich hier informieren und wichtige Fragen klären.

http://www.schwanger-unter-20.de

Bildnachweis

Abbildung 1: Wikimedia Commons – Public Domain

Abbildung 2: © R. Fahren

Abbildung 3: Wikimedia Commons – Public Domain

Abbildungen 4-12: Wikimedia Commons – by User Seedfeeder
unter GNU Free Documentation Lizenz ,

Buchempfehlung

Seid nett aufeinander!
DER Sex-Leitfaden für Anfänger und Genießer

Wenn Du Dich beim Thema Sex nicht ausschließlich auf die besonders für Mädchen und Frauen interessanten Themen beschränken möchtest, dann solltest Du auch *„Seid nett aufeinander!"* lesen.

Außer den Themen, die für Jungs und Männer besonders interessant sind, findest Du unter den rund 400 Seiten auch ein ausführliches Lexikon mit Sex-Begriffen und -Abkürzungen.

Damit wird zwar das Buch, welches Du gerade in den Händen hältst, praktisch überflüssig – aber das kannst Du prima einer Freundin zukommen lassen...

R. Fahren: Seid nett aufeinander!

Als Taschenbuch (416 Seiten) oder e-Book beim gut sortierten Buchhandel